教育部高校示范马克思主义学院和优秀教学科研团队建设项目（重点选题）：“把培育和践行社会主义核心价值观贯穿思想政治理论课教学全过程”教学模式研究（19JDSZK001）
安徽省质量工程重点研究项目：善用“大思政课”一体化推进工科院校思政课和课程思政教学改革（2022jxg1008）
安徽省“三全育人”综合改革和思想政治能力提升计划项目：思政课讲好党史故事的价值意蕴和教学进路（sztsjh-2023-1-10）

榜样在身边

安徽工程大学先进典型事迹粹编

主　编　李红星　　副主编　查桂义

安徽师范大学出版社
ANHUI NORMAL UNIVERSITY PRESS
·芜湖·

图书在版编目(CIP)数据

榜样在身边 : 安徽工程大学先进典型事迹粹编 / 李红星主编. -- 芜湖 : 安徽师范大学出版社, 2025. 3.

ISBN 978-7-5676-7032-7

Ⅰ. K820.7

中国国家版本馆CIP数据核字第2024Z003E7号

榜样在身边 安徽工程大学先进典型事迹粹编

BANGYANG ZAI SHENBIAN ANHUI GONGCHENG DAXUE XIANJIN DIANXING SHIJI CUIBIAN

主 编 李红星　　副主编 查桂义

责任编辑: 陈贻云　　责任校对: 晋雅雯　章　琪

装帧设计: 王晴晴　　责任印制: 桑国磊

出版发行: 安徽师范大学出版社

芜湖市北京中路2号安徽师范大学赭山校区　　邮政编码: 241000

网　　址: https://press.ahnu.edu.cn

发 行 部: 0553-3883578　5910327　5910310(传真)

印　　刷: 安徽联众印刷有限公司

版　　次: 2025年3月第1版

印　　次: 2025年3月第1次印刷

规　　格: 700 mm × 1000 mm　1/16

印　　张: 18

字　　数: 275千字

书　　号: 978-7-5676-7032-7

定　　价: 166.00元

图书馆
安徽工程大学

安徽工程大学
国际工程师学院
Institute of International Engineering Education

序

有一种信念，凝心铸魂，在春风化雨中固本培元。

有一种精神，矢志不渝，在春秋代序中历久弥新。

有一种力量，生生不息，在砥砺前行中催人奋进。

党的十八大以来，习近平总书记立足中华民族复兴伟业，站在确保党和人民事业薪火相传的战略高度，对教育、教师和青年学生都提出了更高要求。他多次强调，强国必先强教，强教必先强师，国家繁荣、民族振兴、教育发展，需要我们大力培养造就一支师德高尚、业务精湛、结构合理、充满活力的高素质专业化教师队伍，需要涌现一大批好老师。他指出，要在广大教师中、在全社会大力宣传和弘扬优秀教师的先进事迹和高尚品德。他时常勉励广大青少年要扣好人生第一粒扣子，要勇做走在时代前列的奋进者、开拓者、奉献者，要在推进强国建设、民族复兴伟业中展现青春作为、彰显青春风采、贡献青春力量，奋力书写为中国式现代化挺膺担当的青春篇章。

安徽工程大学坚持立德树人、五育并举，努力构建德智体美劳全面培养的教育体系，为学生的终身发展和幸福成长奠基。学校坚持育人的根本在于立德，激励广大师生积极践行“诚实做人，踏实做事，扎实做学问”的育人理念。学校坚持以高质量党建引领高质量发展，创新性地提出了“三抓”（抓两手、抓两头、抓两基）工作理念和“十项行动”工作要求，全面提升党建育人质量。学校坚持纵深拓展“三全育人”工作成效，创新性推进“三全六专”育人实践，聚焦让学生“正”起来、“学”起来、“壮”起来、“乐”起来、“勤”起来、“和”起来，努力实现育人工作高质量发展。

在高等教育服务中国式现代化建设进程中，我校涌现出许多先进典型。他们以榜样的力量引领校园风尚，在平凡中成就着伟大，是我们身边“行走的”正能量；他们在不懈奋斗的安工程师生心中洒满阳光，为高水平大学建设注入强大精神动力，是学校极其宝贵的精神财富。

这些先进典型，有的传承家风、铭记党恩，在建党百年之际交纳特殊党费50万元；有的守护心灵、绽放余晖，30多年如一日开展大学生心理咨询；有的知行合一、红色骑行，用单车车轮串起鲜活的“党史”；有的潜心育人，用心用力用情打造“金彩一课”……他们用一件件平凡却温暖的小事，诠释着社会主义核心价值观的丰富内涵和安工程“尚德敏学　唯实惟新”的校训精神。

“凿井者，起于三寸之坎，以就万仞之深。”每一个先进典型都是一盏明灯，点灯一盏、照亮一片，他们用一个个感人的故事、一帧帧奋进的画面演绎着“雨耕勤作　赤铸精工”的学校精神。本书编者使用“小故事”的文本结构、以“中国风”的话语体系，把一个个先进故事辑起来、一个个先进典型树起来，讲述安工程故事，汇聚安工程力量，以先进典型为引领，引导广大师生做社会主义核心价值观的坚定信仰者、积极传播者和模范践行者。

我们要让弘扬和践行社会主义核心价值观成为一种政治责任、一种精神追求、一种日用而不觉的生活方式，在向先进典型学习过程中汲取养分，并将其转化为推动学校各项事业高质量发展的强大力量，为服务“三地一区”“七个强省”以及芜湖省域副中心城市建设作出新的更大贡献!

安徽工程大学党委书记 张志宏

二〇二四年六月

目　录

教师篇

学生篇

教师篇

勤学笃行、求是创新，他们是锐意进取的创新之师；躬耕教坛、潜心育人，他们是视野宏阔的博学之师；启智润心、以文化人，他们是心怀家国的仁爱之师；乐教敬业、淡泊名利，他们是言传身教的诚信之师。他们用最质朴的语言和最生动的实践为教育强国建设提供坚实的支撑。

苏善宽

一名老党员的大爱情怀

苏善宽，男，中共党员，1932年1月生，江苏盐城人。苏善宽是安徽工程大学离休老干部，经历过解放战争，参加过淮海战役和渡江战役，是一名拥有70余年党龄的老党员。在国家突发新冠疫情时，他用“特殊党费”展现了一名老党员的大爱情怀。曾被评为安徽省先进个人，其家庭曾被评为安徽省抗疫“最美家庭”。

苏善宽，安徽工程大学离休老干部，经历过解放战争，参加过淮海战役和渡江战役，是一名拥有70余年党龄的老党员，现仍担任离退休党委离休支部书记。在国家突发新冠疫情时，他用“特殊党费”展现了一名老党员的大爱情怀，以实际行动诠释了一名老党员爱党护党的忠诚担当。

捐出4万元后，心中的“大石头”终于落地了

新冠疫情发生以后，苏老和老伴通过互联网、微信朋友圈时刻关注疫情的进展，为不断蔓延的严重疫情而焦虑，被医护人员舍己救人的行为所感动。他曾多次委托子女向党组织打听有关捐款的相关情况，在得知安徽省教育工委已经在全省教育系统组织捐款的消息后，他第一时间打电话联系学校党组织，激动地说：“早就等待组织的召唤，我终于可以把钱捐给在抗击疫情一线的‘白求恩’们了。”因为学校通知捐款的截止日期恰逢星期天，所以周六一大早，他就催着外孙一起去银行，从自己的退休费中取出了4万元转入学校捐款专用账户。办完事后，他长舒一口气，说道：“心中的‘大石头’终于落地了！”

用“特殊党费”为“白衣战士”加油

苏老生活十分简朴，熟悉他的老师都知道，他的家里没有什么值钱的家具，衣服也是穿了很久都不换新的。学校得知苏老的捐款义举后，考虑到苏老年事已高，以后需要花钱的地方很多，分管校领导立刻通过微信和电话向苏老表示了感谢和敬意，也表达了对苏老生活的关心。苏老说：“感谢学校党委的关心，面对这次疫情，我非常担心……我这次捐的钱，你们务必‘照单全收’，转交给在疫情一线的英雄们。谢谢！谢谢！他们在一线太不容易了……”电话里苏老的声音有些哽咽。

在战火纷争的年代，苏老也曾是一名白衣战士，那时他是部队的“卫生兵”。如今，隔着屏幕看到奋战在抗击疫情一线的医护人员，他感触特别深。他动情地说道：“我老了，再也不能上前线了，请收下我这份‘特殊党费’，我要为‘白衣战士’加油！至于我的生活，请组织放心！”

他告诉学校，本次的捐款决定得到了孩子们的大力支持，他的子女们也都在所在社区和单位献出了爱心。这已不是苏老第一次在国家遇难时捐款，汶川地震时他也曾第一时间向灾区捐款，为此还收到了中组部开具的“特殊党费”收据。

“我的一切都是党和国家给的”

苏老的家中陈设十分简单，最“耀眼”的就是那一张张泛黄的照片，苏老看着这些老照片，如数家珍般地跟来访者讲述着一段段尘封的故事……

1947年，15岁的苏善宽怀着一腔爱国情报国志，应征入伍，加入苏北军区卫生学校学习，1949年底从部队转业。军旅生活是他毕生最难忘的记忆，党、国家、部队，永远是他心中最热血沸腾的字眼，是他不断前行的人生路上最闪亮的灯塔。苏老有4个孩子——3个儿子和1个女儿。他把3个儿子都送到部队当兵，用实际行动诠释着“男儿何不带吴钩”之勇于担当、报效国家的可贵精神。学校的发展也是苏老最为关注的，他珍藏了很多学校的老照片。虽然年事已高，但他仍然坚持担任学校离退休党委离休支部书记，对学校的大事小情，都十分关心。

本次捐款后，他本不同意对此事进行报道，后来考虑到可以用自己的事例给当代大学生上一堂鲜活的思政课，让老党员的正能量激发更多青年学子的爱国热忱，他才答应。正如他说的：“我的一切都是党和国家给的，只要党和国家需要，我就会第一时间站出来！”

苏老非常关注学校发展，虽然离休多年，他常常以为学校做点事、出点力而感到高兴。他平时喜欢收集有意义的图片、资料，当听说学校校史馆希望教职工提供图片、资料时，立即联系退休办将珍藏的图片送交学校。他也特别关心青年学生健康成长，经常与大学生分享他的入党故事，讲述他的革命历程，激发青年学生树立远大理想，鼓励他们积极要求进步，帮助他们成长成才。

有一段时间，两位年轻的学生与苏老比邻而居，苏老经常与他们谈心，关心他们的成长。长期的相处让他与学生们建立了深厚的友谊，学生们生活中遇到问题也经常向他请教，他总是循循善诱，耐心帮助。他常常教育自己的后代："只有我们自己发扬助人为乐的精神，与人为善，才能得到别人的帮助和尊敬，才能在互助的真诚中感到真正的快乐。"

（查桂义、江帆）

来源：安徽工程大学校园网（2020年3月3日）

孙从远

守护心灵　绽放余晖

孙从远，男，中共党员，1948年5月生，江苏泗洪人，副教授，安徽工程大学退休教师。曾任人文系主任、党委书记。从1990年3月倡导并参与创办学校大学生心理咨询室以来，孙从远在大学生心理健康教育方面倾注了大量精力，30多年来一直默默无闻地坚持业余从事大学生心理健康教育和心理咨询工作。

孙从远老师从1979年9月开始一直担任思想政治理论课教师，曾任安徽工程大学人文系主任、党委书记。1990年3月起，他倡导并参与创办学校大学生心理咨询室，业余从事大学生心理健康教育和心理咨询工作。2008年10月退休后，孙老师担任校关工委心理组委员，并坚持为来访者解惑。坚持从事大学生心理咨询工作，一干就是30多年，孙老师在平凡的教育教学岗位，奏响了不平凡的奉献之歌。

传道解惑促成才，全力创办心理咨询室

学生记者初见孙老师时，他慈祥的脸上镌刻着岁月的从容，朴实而又温暖的话语，像一把解开心锁的钥匙。“把雷锋精神与个人的具体职责相联系，把全心全意为人民服务落实到行动之中，这是时代的要求。”孙老师的一席话，不仅是他对雷锋精神的理解，更是践行雷锋精神的体现。在日常的教学实践中，他坚持传道授业解惑，把知识传播给每一位青年学子，把雷锋精神践行下去。思想政治理论课与一般的专业课不同，更侧重于对学生思想的引领，孙老师在这个岗位上一干就是近30年。

“从事教学工作六七年后，我逐渐发现有一部分学生存在一些心理问题，而这些问题并不能简单地通过公开教学解决，需要以一种个别接触、针对性辅导的方式进行指导矫治。”孙老师介绍说，当时恰逢教育部提倡在高校教育中重视心理健康教育，创办心理咨询室的想法便就此在他的心中萌生，他的想法也得到了校领导和同事们的支持。为了成功创办心理咨询室，孙老师专门前往安徽师范大学心理学专业进行为期半年的进修学习。进修期间，他勤学好问，不断充实自身的心理学知识，想着早点回校为学生服务。

1990年，安徽工程大学大学生心理咨询室成功创办，这在高校中也是比较早的。咨询室成立初期，条件十分简陋，没有固定的场所，孙老师和同事们在管理学院的一个临时办公室里开始了心理咨询服务。心理

咨询室先后“搬家”五次，才最后“安了家”。但这些并没有影响他们坚持开展心理咨询服务的信念。孙老师与同事们没有任何抱怨，他们放弃了休息时间，轮流在咨询室里值班，认真为来访者排忧解难。孙老师的手机更是24小时开机，随时为来访者服务。考虑到来访者的需要，孙老师提供心理咨询服务并不局限于心理咨询室内，他会选择合适的地点，让来访者更愿意袒露心声，获得帮助。

孙老师还把他的心理咨询服务对象扩展到学校教职工以及广大学生家长。几十年来，他帮助很多教职工解开心理困惑，恢复平静的生活，更加顺利地从事教育事业；他通过对学生家长的心理咨询服务，使家长与学校、学生之间多了一分理解，少了一分埋怨。他始终认为，只有老师、学生、家长三方共同配合，形成合力，才能做好心理咨询工作，打造和谐校园。

退而不休热心公益，夕阳晚霞绽放余晖

2008年，孙老师退休，离开了讲台。“退休后我的时间更多了，可以做很多以前希望完成而未完成的事情。只要学校有需要，我还有精力，我的脚步便不会停止。”从铿锵有力的话语中，我们感受到了孙老师对工作的坚守，对学校和学生的一片爱心。

退休后，孙老师担任学校关工委心理组委员，坚持为来访者提供心理咨询。在学校的支持下，孙老师开设了五年的心理学选修课，教授心理学知识。在每年新生入学后，孙老师会对大一各班的心理委员展开心理培训，让他们了解一些心理学常识，提高他们的心理学素养。2013年，受鸠江区人民法院邀请，孙老师成为一名人民调解员，主要负责未成年人心理健康教育，包括与犯罪的未成年人进行沟通，帮助他们解决心理问题，促进其身心健康成长。在孙老师的帮助下，多名未成年人不仅化解了心理困惑，还成功考上了大学。

退而不休，是孙老师的坚守；无私奉献，是孙老师精神上的追求。曾经受助的学子满面春风地回校拜访，曾经陷入烦恼的老师解开心结、更好地投入到教育教学之中，这些都让孙老师感到格外满足。孙从远老

师总是在平凡中坚守自我，用一片爱心守护心灵，用星火之光照亮他人心房，他是我们身边的雷锋。

（查桂义、吴亚兰）

来源：安徽工程大学校园网（2016年5月13日）

荚新民

一个真正将精神视作财富的人

荚新民，男，中共党员，1950年1月生，安徽巢湖人。作为安徽工程大学离退休党委教辅退休支部的一名老党员，截止到2021年7月1日，他的党龄已有51年了。荚新民同志在中国共产党成立100周年之际向党组织一次性交纳50万元党费，表达了自己对党的赤诚爱戴与无私奉献。曾被评为安徽省教育系统优秀共产党员，其家庭被评为芜湖市“最美家庭”。

2010年退休的安徽工程大学离退休党委教辅退休支部党员荚新民同志和老伴都成长在革命家庭，他们的父母都是经历了战争年代的老革命干部。父辈们的经历及家风传承，使他们始终铭记党魂党恩，将传承红色基因、弘扬家国情怀视为己任并努力践行，诠释了新时代老共产党人的初心使命。

耳濡目染学习红色革命精神

荚新民同志的岳父是1929年参加红军，跟随大部队上过井冈山，历经二万五千里长征的老革命；他的父亲1938年参加新四军。父辈们都是久经沙场，九死一生，永葆革命斗志的革命前辈。新中国成立以后，父辈们始终保持共产党人的品质，在各自的工作岗位上坚持为老百姓服务，为人民谋利益，他们的经历对荚新民影响深远。为了传承父辈的革命精神，他主动要求参军入伍，希望到部队进一步锤炼自己的意志品质。到部队后，他不怕苦不怕累，得到了磨砺。他说在他的心中永远珍藏着这份红色革命情结。

言传身教传承红色革命精神

作为新四军的后代，荚新民同志退休后，加入芜湖市新四军历史研究会，常年致力于深入研究、宣传新四军和抗日根据地的历史，参访革命老区圣地及各地革命纪念馆，撰写追忆新四军及父辈革命经历的文章，坚持以史鉴今，广泛传播新四军铁军精神，继承和发扬新四军的革命精神和优良传统，为发展繁荣社会主义先进文化、构建社会主义和谐社会发挥了积极作用。他心系下一代，谆谆教导子女和青年学生，积极为在校大学生作党史讲座。他也特别关心自己的下一代的成长，经常与儿子交流谈心，引导他积极要求进步。他说："青年人如果缺失信仰，就会迷失人生方向。青年是社会主义建设事业的接班人，只有树立并坚定科学信仰，才能自觉抵制来自国内国际的各种错误思想的侵蚀。”在学校开展的“青春扬帆·筑梦启航”和建党100周年等系列活动中，他主动要求为青年学生开设党史讲座，与学生们分享父辈们的革命历程，讲述新中国成立、发展，以及今天取得的伟大成就的来之不易。他常常勉励青年学子要学好党史国史，进一步坚定信仰信念和信心，为党的事业而努力，希望大学生们勇挑重任，为实现中华民族伟大复兴的中国梦贡献力量。

身体力行发扬红色革命精神

荚新民同志所在的支部高龄党员较多，每次支部组织学习教育活动，他不仅积极参加，还细心照顾老党员，主动接送老党员。这学期开学初，荚新民同志来到学校退休办，表达了自己光荣在党50余年，今年又是建党百年这具有特殊意义的一年，想交纳50万元特殊党费的心愿。他的心愿得到了家庭的大力支持，老伴多次陪同他来学校表达心愿，让组织不要担心他们的退休生活，子女也表示他们完全理解和支持父亲。他表示，在建党百年之际，看到我们的党和国家在以习近平同志为核心的党中央坚强领导下取得的瞩目成就，他更加坚信在中国共产党的领导下走中国特色社会主义道路，中华民族伟大复兴的中国梦一定会实现。他一再表示家人积极支持他交纳特殊党费，退休生活也不会受到影响。交纳特殊党费是他作为一名退休老党员爱党兴党护党的真诚愿望。他希望能够将这张特殊党费的收据传给子孙，将这种红色精神世代传承。

（胡芳）

来源：《大江晚报》（2021年5月19日）

赵国庆、曹锦芬

用单车车轮串起鲜活“党史”

赵国庆，男，中共党员，1954年11月生，安徽芜湖人，曾在农村插队、部队服役、企业做工人。曹锦芬，女，中共党员，1956年3月生，安徽宁国人。一对夫妇，两辆单车，13年10万里的“红色骑行”。他们沿着中国共产党成立、成长、发展、壮大的英勇足迹，瞻仰革命圣地，参观革命遗址，祭拜革命烈士，致敬红色经典。他们骑行大江南北，打卡红色地标，目的就是回望中国共产党的峥嵘岁月，追忆党为国为民的初心使命。他们曾获第九届“中国当代徐霞客”红色旅游特别奖，被评为安徽省“最美家庭”、安徽省“全省离退休干部正能量活动之星”、芜湖市“最美家庭”、“芜湖好人”等。

赵国庆、曹锦芬这对年龄合计132岁，党龄合计91年的教授夫妻，耗时13年做了一件了不起的事。

他们带上锅碗瓢盆，脚踩单车骑行104986里，跨越长江23次、黄河17次、京杭大运河13次，翻越多座海拔超过5000米的高山，寻访打卡了全国793个红色景点，致敬革命先辈……这趟从青丝到白发的红色之旅，他们历经千难万险，骑坏了6辆自行车，拍摄照片3万余幅、影像60多个小时，写下50万字日记……因为"红色骑行"，他们获得了第九届"中国当代徐霞客"的荣誉称号。

书本上的一页页党史，在身临其境、亲手触碰下，被还原成为一个个鲜活的、充满血肉与感情的红色故事。一路上的感动与泪水、与红色往事的碰撞与共鸣，让他们深感震撼。为此，他们又花一年时间，写下一部包含400余首原创诗词、400余篇红色游记、600余幅照片的《红色骑行十万里》，用这部心血之作献礼建党100周年，更希望这本书成为年轻人喜欢的生动党史教材。

13年骑行10万里　为了"不能忘却的纪念"

赵国庆、曹锦芬夫妇是安徽工程大学的教授，在与大学生交往的过程中，他们深刻感到，在新时代要将红色基因代代相传，让青年学生爱国信党，就要让他们对党的发展历史了解得更加深入，党史教育一定要触动年轻人的心。

赵国庆和曹锦芬一直有个红色的梦，他们合作写下一首名为《梦里的中国红》的歌曲，一个个红色圣地更是让他们心生向往。"用红色骑行献礼建党100周年，用红色游记传承红色信念。"这个念头让夫妻俩激动不已。2008年6月至7月，赵国庆费时19天，在一张12平方米的白布上，手绘巨幅中国地图（后续骑行中盖上了1229个邮戳）。

2008年8月8日，夫妻俩踏上了征途，他们沿着中国共产党成立、成长、发展、壮大的足迹，先后打卡793个红色地标，从上海中共一大会址到江西井冈山，从陕西延安到河北西北坡，从湖南韶山到贵州桐梓，从四川仪陇到江苏淮安，从陕西富平到内蒙古土默特左旗……征途中，他们遭遇过烈日暴晒、冰雹来袭、迷路被困、车辆爆胎等各种各样的困难，可为了红色的梦和那些“不能忘却的纪念”，没有什么艰难险阻，能让他们退缩。

60余万字原创诗词与随记 “知行合一”写活党史

一路骑行，一路感动。在骑行前往井冈山的途中，突然大雨滂沱，15公里的七溪岭山路坡陡难行，两人只好推车步行，一路险象环生。最终到达中国革命的摇篮井冈山时，夫妻俩在毛泽东、朱德雕像前感慨万分。这一次旅程，让他们深刻体会了当年井冈山革命根据地斗争的艰苦卓绝，艰苦跋涉让他们对那段历史有了更深的感悟。

2016年9月22日，为了前往黑龙江尚志市赵一曼烈士牺牲地，夫妻俩用了13个小时骑行在长达百公里的颠簸道路上，傍晚才到达。夫妻俩了解到，一位年逾古稀的管理员每天步行十几里，背着干粮和水来为赵一曼烈士守墓，数年如一日。这份坚持与守护，让夫妻俩热泪盈眶。

在贵州遵义泗渡会议旧址，一位70多岁陈姓老者，多年来一直自愿无偿守护红色遗址。在走访的不少红色景点，夫妻俩都遇到了自愿守护红色遗址、烈士公墓的当地百姓，尽心守护的背后，正是民众不忘先烈、爱国信党的拳拳之心。

在上海龙华烈士陵园陈延年烈士墓前，在湖北红安县蔡申熙烈士墓前，在吉林通化杨靖宇烈士陵园……他们轻轻为墓碑拭去灰尘，庄重地放上党旗、国旗，再深深地鞠躬。他们把10万里的艰难跋涉和深刻感悟凝聚在《红色骑行十万里》之中。翻阅这本厚重的书，我们感受到的是心灵的净化和信仰的坚定。

让红色种子如沐春霖 在年轻的心中扎根生长

“我还没出生，爷爷奶奶就开始红色骑行了。我上小学以后，爷爷奶奶给我看他们红色骑行的照片和视频，我知道了毛主席、周总理和朱老总，知道了红军长征的故事，还知道有一个小萝卜头。”夫妻俩的孙子赵十可在《红色骑行十万里》的序言中写道。

赵国庆和曹锦芬时常给孙子讲小烈士小萝卜头的故事，出生8个月就入狱，仅8岁就献出了生命。同样的年纪，生在不同的时代，境遇天壤之别，十可既难过又感动，他懂得了现在的美好生活不是理所当然的，而是千千万万革命先辈用鲜血换来的。

回到芜湖后，他们将10万里的红色寻访之旅转换成一场场鲜活的党史讲座，走进安徽、江苏的大学校园、企业和部队，他们激情澎湃的演讲，不仅现场座无虚席，而且令许多听众数度哽咽。

一个个书本上的名字，在教授夫妻的讲述中被还原为一个个曾经激情昂扬的鲜活榜样。青春与信仰隔着时空碰撞，红色的种子在年轻的心中扎根生长。曹锦芬和大学生们讲起了他们骑行过程中在广东开平现场聆听“刑场上的婚礼”的故事。1928年2月6日，在广州红花岗刑场，周文雍、陈铁军两位青年革命者，在为党的事业献身的最后时刻，面对敌人枪口，将在革命斗争中建立的爱情公布于众：“现在我们要结婚了，让这刑场作为我们结婚的礼堂！让反动派的枪声，作为我们结婚的礼炮吧！”

不论什么年代，青春和爱情都是动人的，为了信仰、为了新中国，有多少年轻的革命者放弃了美好的生命和爱情。讲台上的曹锦芬止不住泪水，台下的青年学生们红了眼眶，面对那一双双年轻清澈的眼睛，二老讲述得更加动情。

安徽工程大学一位女大学生听完讲座后说：“现在的和平是前人的奋斗牺牲换来的，我们想对先辈们说：国家振兴，我们在努力。”

赵国庆、曹锦芬一直强调：“红色骑行就是为了不忘历史，让红色基因代代相传，让更多的年轻人立志为民族振兴绽放光芒。”

（顾娅）

来源：《大江晚报》（2021年6月14日）

毕松梅

铸铁成花展巾帼风采

毕松梅，女，1959年8月生，江苏宜兴人，安徽工程大学纺织服装学院教授。曾任安徽工程大学纺织服装学院院长，教育部高等学校纺织类专业教学指导委员会委员。曾荣获安徽省科技进步奖等奖项，被评为安徽省三八红旗手。

善于选人，敢于用人，以生为本

毕松梅教授退休前曾任安徽工程大学纺织服装学院（简称“纺服学院”）院长，还是安徽工程大学民盟支部主委、安徽省人大代表。她履职尽责，总是积极向学校建言献策。作为学院院长，她极为重视教学研究。在她看来“没有改革，没有创新，就无法立足”。为了提升学院科研实力，毕院长大力引进人才。在与校内外协商人才待遇等重大问题时，她总是不厌其烦地进行多方沟通、多次协调，疏通各个环节，用“钉钉子精神”解决一个个难题，用诚心诚意获得各方的尊重与支持。安徽省“115”产业创新团队、安徽省纺织品功能体系科技创新团队的成立和数名三类人才的加盟，大大增强了学院教科研实力，并形成了良性循环，起到了极好的示范作用。

人才建设不仅要“引进来”——引进新事物、带来新活力，还要“走出去”——边学习边改进、多学习多改进。为此，毕松梅总是积极扶持青年教师，热心指导青年教师，以身作则严格要求青年教师，通过旁听、访谈等多种方式了解一线教师在教学中的问题，再利用一对一沟通、会商研讨相结合的模式来解决问题，做到及时发现问题、第一时间处理问题，在全体教师中营造了昂扬向上的学习和工作氛围。在毕松梅的辛勤努力下，学院培养出了一大批青年骨干。管理上不大包大揽，合理分工，信任下属，工作中勇于承担责任，毕松梅任院长期间用默默付出赢得一片赞誉。

在教育教学工作中，她坚持以学生为本。课堂上，毕松梅从不照本宣科，而是从她数年的企业工作等亲身经历出发，结合理论知识和学生的实际情况，提出一些在生产实际中可能遇到的问题，用切身体验拓宽学生们的视野。贴近生活，感染力强，学生们自然而然就喜欢上课，爱上这门学科。她的一位研究生深情回忆道：“读研的那段时光还历历在目，印象中毕老师每天都在加班，每次回家前，她总会推开实验室的门，像妈妈一样询问我们的学习情况，对我们嘘寒问暖，那是最平常也是最温暖的画面。感谢我的为人为学的引路人——毕老师。”

是女强人，是细心的“管理员”，还是家庭好成员

作为一名女性，毕松梅更是展现了细心认真的独特魅力。进入她的办公室，映入眼帘的便是整洁的桌面、郁郁葱葱的绿植。不仅如此，毕松梅更是将电脑里的材料分门别类整理得清爽有序，所有经过她手的资料在她那都能被轻松找到。学院里的老师常常说：“毕院长就是我们的保管员，她那里就像哆啦A梦的口袋，想要的资料都能找到。”

铸铁成花，毕教授不仅是工作上的“女强人”，更是家庭中的“好成员”。毕松梅深情地说：“每天晚饭后，我总爱和我的女儿一起坐在桌前，虽说基本上都是各忙各的工作，但尽量多花些时间在一起，终会有意想不到的效果。”毕松梅教育女儿不仅要重视知识的学习，更要注重全面发展。她从不给孩子任何束缚，总是在告诉她哪些不能做的基础上，放手让她发展，给予孩子极大的信任，也培养了孩子独立自主的性格。毕松梅与她的先生是同行，他们既是工作中的“好搭档”，也是生活中的“好伙伴”。他们相互理解、相互帮助、相互支持，彼此的相伴相帮成就了他们事业的成功和家庭生活的和谐。

（查桂义、王晶瑾）

来源：安徽工程大学校园网（2017年5月5日）

蔡为荣

食品学界的“老牛”

蔡为荣，男，中共党员，1963年7月生，安徽芜湖人，安徽工程大学生物与食品工程学院教授，食品科学博士，主讲“食品技术原理”“食品添加剂”等课程。1984年入校工作以来，他潜心育人，曾获安徽省教科文卫体系统职业道德（师德）先进个人称号，被评为安徽工程大学师德标兵、教学骨干、优秀共产党员等。

任教37载，矢志不渝

国以民为本，民以食为天。在咱们国家，吃饭就是比天还大的事儿。

一说到美食，总让人忍不住味蕾大开，然而真要说搞食品研究，却是枯燥乏味的，即便如此，蔡为荣一干就是37年，无怨无悔，至今仍未停息。

在省内食品学界，蔡为荣是名副其实的“老牛”。在以他为主的一批老师的努力下，1984年安工程在安徽省率先创办食品科学与工程本科专业，2006年获批“农产品加工及贮藏工程”硕士点，2011年获批“食品科学与工程”硕士点。今年，对蔡为荣来说是收获的大年，前不久，在他的带领下，食品科学与工程专业顺利入选国家级一流本科专业建设点。在旁人看来，也许这不算什么，但是这却是蔡为荣为之奋斗了半生的结晶。从来不苟言笑的他，在拿到认证证书的那一刻竟难掩欣喜之情，快乐得像个孩子。

蔡为荣时刻以新时代师德规范高标准严格要求自己，提醒自己要成为一名合格的人民教师，忠于党的教育事业，爱岗敬业，淡泊名利。

前年，新加坡籍的原同事童尚勤回乡探亲，宴请蔡为荣等老同事相聚畅叙，因为当晚要着急提交本专业的工程教育认证自评报告补充材料，他最终未能赴约。童尚勤感慨万千地说：“蔡老师当年博士毕业时意气风发，那会我就曾极力劝说他和我一起去新加坡发展，如今十几年过去了，他竟还坚守在教育岗位，持续致力于教学研究，敬业精神感人至深，着实可圈可点可赞。”对此，蔡为荣却微微一笑说，自己是老教师了，做点工作是应该的，爱岗敬业既要有长时间的坚守，耐得住寂寞，更要在关键节点冲一把。

一丝不苟，爱生如子

做学问，蔡为荣就是这样韧劲十足，在课堂上、在实验室里，进入教学状态的蔡老师，一丝不苟，认真耿直，爱生如子。

“平时待学生和蔼可亲，实验教学时却手持一把钢尺严格判定，铁面无私。”这是食品012班的学生牛彩霞在毕业10周年返校时对蔡老师的评价。科学实验来不得一丝马虎，蔡为荣是这样说也是这样做的。在一次实验中，有好几名同学做的食品酸度滴定误差超过了0.2%，均被要求严格的蔡老师留下重新测定，直到晚上10时许，误差合格后，才离开实验室。有个学生在实验过程中习惯性地用餐巾纸擦拭桌面上的残液，蔡为荣看到后立即纠正，并告诫学生们千万不能这么做，因为实验中经常会接触到浓硫酸、浓盐酸、强碱等危险品，一旦触碰到身体，后果不堪设想。

蔡为荣设身处地为学生着想，从入校开始便积极引导学生快速进入实验室，参加课外实践、大学生创新创业比赛等。在他的指导下，每年都有多名学生在全省大学生创新创业比赛、专利比赛中获奖，学生的综合素质、创新实践能力也得到全面发展。

寒来暑往，岁月枯荣。蔡为荣以当一名普通老师为荣，以一届又一届优秀学子为傲，仰望星空，步履坚定。

（查桂义）

来源：《安徽青年报》（2021年9月10日）

许德章

德以明理　含章可贞　教师是终身为之奋斗的事业

许德章，男，中共党员，1964年4月生，安徽合肥人，教授，博士，安徽省教学名师，安徽省“115”产业创新团队带头人，安徽省战略性新兴产业技术领军人才，2021年度校特档教学骨干获得者。曾获得安徽省五一劳动奖章，被评为安徽省优秀教育工作者等，曾任机械工程学院（人工智能学院）院长，现任机器人现代产业学院院长。

“教师是太阳底下最光辉的职业，更是我终身的事业！”

学生记者找到许德章院长时，他刚刚结束一项会议，忙碌了一天的他脸上带着些许疲倦。但当被问及投身教育事业的初衷时，许院长脸上洋溢着的激动与自豪将倦意一扫而空。“于我而言，教书育人是我心中最好的职业，这个职业不仅可以为国家培育人才，也可以让自己在和年轻人的交流中保持年轻的心态，在经历了时代对教师的考验后，我更加坚定了自己对教育事业的热爱。”他回忆了20世纪80年代的经商热潮，许多知识分子和教育行业的从业者转向其他领域，而留下来的一批教师凭借为国家培养人才的热忱之心，脚踏实地坚守在教育行业、矢志不渝。“我将教育视为一项终身不息的事业去奋斗、去研磨，深入研究如何更好地帮助学生答疑解惑，最重要的是要为教育本身赋予意义和价值。”

在许德章昔日的学生，现任清华大学苏州汽车研究院副院长、博士生导师许述财的眼中，许德章老师是让自己受益终身的恩师，他注重在传授教材知识的同时结合实际案例，让同学们充分领悟到“应用科学和技术原理解决工业或工程实际问题”的工科学习魅力，这种寓教于实而基于理的教学理念对同学们读研深造和开展科研工作产生了巨大影响。许德章一直身体力行地贯彻“做好育人大先生”的理念，同时也无形中促成了教育事业的薪火相传，用匠心和芳华书写了“桃李不言，下自成蹊”的佳话。

“做科研既要有敢为人先的勇气，又要有扎根实践的决心。”

在面对科研工作时，许德章始终保持着严谨务实的态度。他表示，创新的勇气和脚踏实地的耐心是做科研必备的两种品质，创新的道路充满未知，切不能因为中途看不到成绩而选择放弃。当谈到如何看待我国

人工智能领域的发展前景时，许德章笑着说："现在我们国家正处于新一轮技术革命和产业变革的历史交汇点，与西方国家的差距也在不断缩小，现在我们惊喜地看到，在人工智能这一新的科技变革中，我们处于世界第一梯队，这是十分令人振奋的！科技工作者要砥砺前行，相信未来我们一定会在智能机器人领域引领世界！"

苏州大学机电工程学院教授匡绍龙也曾是许德章的学生，他回忆道："许老师做科研时经常会熬夜，对每个细节的要求都十分严格，他常告诉我们对待科学和工程问题，不严谨就会出错。从他身上我深切地感受到对科研的严谨和对科学的敬畏，我会牢记他的教诲，继续走好自己的科研道路。"

"治学必须严谨犀利，生活可以温润如玉。"

除了科研上的严谨，生活中的温润与随和也是许多人对许德章的评价。正如学生们所说，私下交流中许老师十分平易近人，关心、关爱学生。相比其他老师，许德章在科研工作与生活中给人很大的反差。许德章说："当代青年科研人员是朝气蓬勃的一群人，我始终对广大青年师生寄予厚望，常常与他们谈心交流，希望他们抓好接力棒，不断进取，向时代交出一份满意的答卷。"

机械工程学院党政办公室主任秦广虎说："他工作高度认真负责，晚上在工作室加班到10点之后是家常便饭。近两年他的白发虽多了不少，但积极的工作状态和奋斗精神却始终如一，我们常常能看见他与青年教师谈心，指导帮助青年教师尽快成长。对待学生亦是如此和蔼可亲。"

高山仰止，景行行止。学生记者在采访许德章教授时总能感受到一种风趣与随和，而正是这样一位鬓角爬满银丝的教师为祖国培育了一大批优秀的科研人才，如香茗般淡雅醇厚的品质令人尊敬，他在平和淡泊中以德为墨、以博为章，为祖国教育事业增添一番秀丽景致。

（查桂义、俞果、陈鹏旭）

来源：安徽工程大学校园网（2022年6月1日）

唐铃凤

辛勤耕耘 绽放美丽

唐铃凤，女，中共党员，1965年8月生，安徽宣城人。安徽工程大学机械与汽车工程学院教师，安徽省巾帼建功标兵，安徽省名师（大师）工作室——唐铃凤名师工作室负责人，多次获安徽省教学名师，校学术骨干、教学骨干、教学名师等荣誉称号。其家庭曾被评为全国“最美家庭”、全省“最美家庭”、芜湖市“五好文明家庭”等。

唐铃凤教授是我校机械与汽车工程学院教师，连续五届被评为校级学术骨干，为我校第二批硕导。多年来，唐铃凤在自己平凡的岗位上兢兢业业，刻苦钻研，得到了学生的认可和领导、同事们的赞誉，在教书育人、科研、指导研究生、培养青年教师等方面取得了骄人的成绩。

深耕学术，注重实践

唐铃凤注重科研工作，注重成果应用。近年来，她主持了省级科技攻关项目2项，省自然科学基金项目2项，芜湖市科技项目1项。申报专利11项，获省级科技进步奖1项，市级科技进步奖2项。教研方面，她在2013年成功申报安徽省高等教育振兴计划重大教学改革研究项目1项，新专业改造集体项目1项。2013年获得校教学优秀奖一等奖。近5年来，她共担任了4门课的主讲工作，分别为“过程装备成套技术”“过程流体机械”“机械原理”和“机械设计”，同时承担了多门课程的课程设计工作，指导多名学生的毕业设计，年平均完成教学工作量400多学时，超额完成教学任务，教学效果良好，学生测评成绩在学院稳居前列。

唐老师注重对教学方法的研究，对不同的课程采用不同的授课方法。“机械原理”和“机械设计”等专业基础课，内容简单，通用性强，在讲解时，以把知识点讲透为主，她要求学生熟记相关概念和基本原理，课后布置作业加以巩固，根据作业情况进行针对性补充讲解。对专业课，则以应用为主，重点讲解教材中的基本方法，列举事例进行模拟应用，鼓励学生自己查阅与课程相关的最新科研成果，阅读最新论文，拓宽知识面，培养专业兴趣，提高学习的积极性和主动性。

她一直致力于提高学生工程实践能力，为此，2013年她成功申报了安徽省高等教育振兴计划重大教学改革研究项目“工科大学生工程实践能力培养模式研究”。她购置了一些设备和工具，组织部分学生进行测绘训练，把培养计划中各相关课程中的知识点联系起来，帮助学生巩固课堂所学，增强应用能力，为将来能更好地从事机械设计等相关工作打好基础。实践能力的提升，能激发学生的兴趣，让他们由被动学习变为主动学习。“授人以鱼不如授人以渔”，一位好的教师，不仅要教给学生知识，还要教会学生自学的方法。

热爱学生，浇灌心灵

唐老师在做好教学和科研工作的同时，始终将育人作为自己工作的重要环节，她认为教师的工作应以学生为中心，这包含三层意思。

“为了一切学生”（全体性）。不放过对任何一个学生的教育，特别是对后进生、有特别想法的学生，要给予特别的鼓励、细心的观察、有针对性的引导和帮助。她认为，凡是能进入大学学习的学生，智力水平都很高，都有各自的闪光点，只要能让他们自己重视学习，绝不至于课程考试不及格。每次上课，她都特别关注那些表现不佳的学生，常常把他们叫到前排就座，课后找他们个别谈心，发现他们的特长，给他们以鼓励，以此增加他们的信心。在她的帮助下，有些学生转变了，一改过去的懒散，振作起来，补上所缺学分，顺利毕业。

“为了学生的一切”（全面性）。除了学习，还对学生的生活、思想等方面给予关心，她平易近人、和蔼可亲，经常帮助一些经济上有困难的学生。当学生在找工作、考研等方面遇到困扰的时候都会来找她咨询，唐老师总会竭尽所能，耐心解答。当遇到一些学生整天为小事纠结，不好好学习的时候，她会找他们谈心，讲通俗易懂的道理，耐心地教育、引导他们。

“一切为了学生”（主体性）。这是唐老师的工作重心，即围绕学生的全面成长开展工作。她和学生以亦师亦友的关系相处，在尊重并理解学生的前提下，取得了学生的高度信任。她帮助即将毕业的学生找工作，也关注学生毕业后的工作情况，竭尽所能持续为他们排忧解难。

面对困难，乐观以对

唐铃凤老师的爱人王幼民也是我校老师。结婚20多年来，他们孝敬老人，在家中抢挑重担，任劳任怨。兄弟姐妹之间团结和睦，有困难互相帮助，他们有着一个和睦的大家庭。但命运带给这一家人的并不只有眷顾。2006年3月，王幼民老师因劳累过度突发脑溢血，他瞬间意识模糊，左半边身体没有知觉，医生接连下达病重通知单和病危通知单。突然的变故彻底改变了这一家人的生活，唐老师在极度痛苦的情况下，一人撑起家里全部的重担，有课的时候就赶回学校上课，没课就在医院精心照料丈夫。她坚持每天将丈夫的情况记录下来，包括每天打什么点滴、吃什么药、做了多少次康复训练、血压多少、恢复的情况等。在她的悉心照料下，在校院各级领导和同事们的关心帮助下，王老师恢复比较快，经过两个多月的住院治疗，基本能站立了。当年9月，在唐老师的搀扶下，王老师重新回到了三尺讲台。第一节课是令人担心的，为了对学生负责，唐老师坐在教室里听完了这一节课，当确定丈夫可以正常工作时，她偷偷跑到教室外，泣不成声。如今，9年多过去了，虽然仍有后遗症，行走有些不方便，但王老师可以独立生活和工作，我们不仅能经常看见王老师上课的身影，还经常看到他买菜的身影。面对生活的重压，两位老师不仅没有屈服过，还在教学、科研等方面，都取得了很好的成绩。2008年王老师顺利晋升教授、唐老师转聘副教授，2012年唐老师也顺利破格晋升教授。

今年“三八”妇女节期间，省妇联和省总工会分别在全省开展评选表彰活动，唐铃凤获得安徽省妇联授予的安徽省“巾帼建功标兵”荣誉称号。多年来，她始终立足于平凡岗位，勤奋学习、刻苦钻研、兢兢业业，在教书育人、科学研究和学科建设等方面均取得了突出的成绩，得到了学生的喜爱和领导、同事们的赞誉，她在坚持和耕耘中绽放着美丽！

（涂证）

来源：安徽工程大学校园网（2015年3月31日）

沈晨月

扎根后勤　用心服务

沈晨月，女，1968年12月生，江苏江阴人，曾任安徽工程大学资产经营有限公司物业管理经理，她用热情和真诚为广大在校师生提供优质服务。在芜湖市创建全国文明城市迎评工作中，荣获全国文明城市创建先进个人称号。曾被评为先进个人、优秀共产党员等，其事迹入选校“学雷锋十佳事迹”。

服务无小事，态度显质量

“雷锋精神是优良传统，具体到我的工作中就是把服务做到更好，让师生在良好的环境下学习、工作、生活。”这是沈老师对雷锋精神的理解，也是她的工作态度。在每一项工作中，她都会充分调研、做好预案，并尽心尽力地监督、实施，力求做到更好。

每逢毕业季，毕业生需要搬运行李物品，人来人往，后勤工作显得尤为重要，既要保证物品搬运有序进行，又要保证不耽误学生的期末考试。一方面，沈老师和她的团队事先做好预案，把往年遇见的情况总结出来，进而有针对性地制定应急方案，为毕业生提供优质服务。另一方面，她每天带领巡查员深入各个宿舍，询问同学们日常遇到的问题并及时帮助他们解决困难，同时督促加大宿舍管理员值班力度，把对学生的影响降到最小。在炎炎夏日里从事这样高强度的工作，其辛苦可想而知，沈老师却总是微笑着说：“只要同学们能够安心生活，能够好好复习迎考，能够在走出校门之后还想着回来看看，那么这些辛苦都是值得的。”

没有最好，只有更好

“没有最好，只有更好”是沈老师一直坚守的工作信念。工作虽然单调，但对于未来的工作安排她早有自己的想法。在硬件上，她听取学生提出的建议，改修公共浴室，积极改造淋浴房；扩大宿舍洗衣房的规模，尽可能为学生提供生活上的便捷；在公寓里打造用于学习与交流的特色空间，为父母、老师的来访探望提供更舒适、私密的空间。在软件上，她持续推行暖心服务，要求宿舍管理员积极地与学生进行沟通交流，尽力及时帮助同学们解决遇到的困难，在服务中传递正能量，让同学们感受到家一般的温暖。

为了与时俱进，进行现代化管理，沈老师正在筹建网络工作平台。通过网络平台能更便捷地了解师生们的意见和建议，以便更好、更及时地为师生提供服务。

服务与管理等岗位具有特殊性，可以说几乎没有寒暑假等休息时间。沈老师与她的团队无论春夏秋冬，一直坚守在服务一线。多年来，沈老师一直干一行爱一行，把别人的困难当成自己的困难，把别人的快乐当成自己的幸福，坚持以辛勤的工作、不求回报的奉献为师生提供高质量的服务，始终用实际行动践行社会主义核心价值观。

（查桂义、殷久龙、郭祖含）

来源：安徽工程大学校园网（2016年5月24日）

汪晓宇

感念师恩 更爱学生

汪晓宇，男，1970年11月生，安徽黄山人，安徽工程大学人文学院法学系副教授、法学硕士，主讲“刑法”“刑事诉讼法”等课程。曾被评为安徽省教科文卫体系统职业道德（师德）先进个人，获安徽省首届普通本科院校青年教师教学基本功竞赛三等奖，校青年教师教学基本功竞赛一等奖、首届微课比赛二等奖、“课程思政”说课比赛三等奖等；获评校教学骨干、优秀共产党员、师德标兵、“我心中的好老师”等。

“老师的一个小举动，可能会改变学生的一生”

在每年的学生评教中，汪晓宇老师的课得分都很高，近三年来排名始终位居学院前三。法学192班杨丹说，班上学生都很喜欢上汪老师的课，课堂上的他总是饱含激情、神采奕奕。在“刑法”“刑事诉讼法”等课程的课堂上，汪老师将最新的立法动态、司法实践、热点案例生动地呈现出来，深入浅出，把法理讲解得十分透彻。

数十年如一日，上好每一堂课，汪晓宇的状态保持得非常好。他笑着说：“教育是艺术，有灌输，有点燃，更有对人性善的共同守望。当我走上讲台，我才真正明白‘老师’两个字承载的责任与担当，老师的一个小举动，就有可能会改变学生的一生。”行政管理（专升本）2017级的陈同学曾经给汪老师发了一封感谢信，她在信中回忆了上汪老师“宪法与行政法”课的情景，感谢汪老师在她心中种下了一颗“法学的种子”，让她对法学产生了极大兴趣，跨专业报考了法学专业硕士研究生。

确实，老师的一个小举动，可能会改变学生的一生。汪晓宇的人生就被老师感染和影响着。

“长大后我就成了你”

为什么会选择当教师？每谈及此，汪晓宇都会脱口而出：“长大后我就成了你”，同时在心中默默感念那些年给予自己无私关爱的一位位恩师。

高二时，语文殷老师对汪晓宇影响很大，那时殷老师的孩子很小，她既要带孩子又要带学生，辛苦与高压之下她并没有丝毫松懈，相反更加努力。汪晓宇看在眼里，内心默默种下希望的种子，立志将来要成为像殷老师那样的人。后来，汪晓宇在南京师范大学读研，导师谢世诚总是从繁忙的教学科研中抽身细致耐心地指导他，从论文选题到结构和撰写，都一以贯之。汪晓宇满怀感激地说：“因为是在职读研，所以为了不影响我工作，谢老师总是牺牲休息时间来指导我。”期间，汪晓宇只要去南京，谢老师就会邀请他去家里做客，师母早早准备好一桌可口的饭菜留他吃饭，一口热乎的家常饭让汪晓宇在南京这座陌生的城市感受到“家”的温暖。

在汪晓宇心里，谢老师既是恩师也是家人，在学习上对他严格要求，生活上对他温暖关心。正是这份温暖与感动激励着汪晓宇选择了三尺讲台，一站就是27年。

“我要努力从‘经师’成长为‘人师’”

汪晓宇一直在努力让自己从“经师”成长为“人师”，他在课堂上积极开展课程思政，发挥课堂主渠道作用，做好大学生思想引领，将课程思政融于法理之中，做到“知行合一”，培养具有扎实的法学理论、熟练的职业技能、合理的知识结构、公正的道德品质、法律精神至上的高素质应用型法律人才。

课堂声声语，师恩在传递。汪晓宇说，他要继续念着师恩，带着一腔热忱，去培养新时代的法学人才。

（查桂义、夏辉）

来源：安徽工程大学校园网（2021年4月9日）

俞卫真

润物无声　思政课堂吹过清新风

俞卫真，男，1971年11月生，安徽芜湖人，安徽工程大学思想政治理论课教师，副教授。从教20多年来，一直坚持以学生为中心，始终做到“教书”与“育人”、“言传”与“身教”相结合。曾多次获教学优秀奖，被评为师德标兵、优秀德育工作者、优秀共产党员、先进个人等。

俞卫真，安徽工程大学马克思主义学院副教授，1993年毕业于华东师范大学，曾多次获得省级、校级教学类奖项。俞老师拥有丰富的教学经验，新颖的教学方法，突出的教学成果。在此基础上，他积极地搜集信息、储备知识、拓宽视野，为同学们提供全面的教学解答、优质的教学服务。课上，俞老师的思政课深入浅出、风趣幽默；课下，俞老师将身边素材导入教学、注重实践。这使得他的思政课受到广大学生的喜爱，同时也获得了老师们的一致好评。俞老师坚持将教学“事业化”，用心投入，让思政课变得可亲可敬！

立德树人，是教师的职责所在

“站在这个讲台上这么多年，一方面出于自身对教育的喜爱，另一方面代表着我对教育的忠诚！”初次见到俞老师，学生记者便被他那充满亲和力的笑容所感染。简朴的着装、爽朗的笑声、幽默的话语……一切都显示着这位老师可亲可敬。当学生问道：“您认为‘师德’二字体现在哪些方面？”他笑着回答：“作为老师，一方面育人很重要，不仅要培养学生成才，更要引导学生向善，这是‘德’；另一方面就是要把书教好，这也是老师的职责所在，便为‘师’。”简短的话语道出了教师立德树人的真谛。

俞老师将教学当作一项事业去经营，将学生视为子女去培养，悉心投入，努力付出，不仅在教学上取得了一定的成绩，更收获了学生们的真情回报。

在教学方法上，俞老师“自有套路”

在教学方法上，俞老师有着自己的“套路”。他将教材体系转化为教学体系，再到课堂体系，最后融合成话语体系，每一环节都紧密相连。

他解释道："思政课有着它的特殊性，它与国家政治经济文化社会紧密相连。一方面要积极进行正能量的引导，另一方面要做到对其他事件的合理分析。这不仅涉及教育中的学科前沿，也会触及相关的政策前沿。"从俞老师的话中，我们了解到"因材施教"的重要性。同一本教材，针对不同专业的学生，也要有不同的教学方法，从不同的角度去引导学生的思维，这便是将教材转化为教学；在课堂上，用不同的事例去多方面地解释课本，具化理论，结合实践，这便将教学转化为课堂；最后，作为课堂的主导者，要将自己的话语与学生融合起来，使学生喜于听讲、乐于接受，这便将话语体系融入了教学。

从这些细节中，我们可以看到俞老师在教学方面投入的心血，他本着寓教于乐的态度，做好每一项教学工作。

学生的认可，是教师最大的幸福

22年的时光，俞老师也积攒了不少与学生相关的故事。他回忆道："刚参加教学工作那会，毕业的学生们会寄信、寄明信片回来，那时候会把信读个两三遍，心里会有莫名的感动。现在，随着社会的发展，信息化程度的提高，通过QQ、微信等方式，与学生们的沟通也越来越多。逢年过节，祝福短信总少不了。"另外，也有不少同学提到，无论毕业多少年，俞老师曾经在课堂上的启发在生活中仍能发挥作用。毫无疑问，这便是俞老师的魅力所在，用短短三十几个课时给予了学生真正的成长体验。

"教师最大的幸福，就是学生对我们的认可。"这是俞老师的心声，我们相信这也是广大教师的心声。

坚守，出自对教育的热爱与忠诚

"教书已经成为生活的一部分。人最幸福的生活就是有一份自己喜欢的职业，而当老师是我从小的梦想。"俞老师在教师的岗位上辛勤工作22年，因为喜爱所以忠诚，因为忠诚所以坚持。没有过多的言语，但我们却能体会到他那份真诚的情感。"从开始到现在，不知不觉走过20多个年头，我努力过，也拼搏过，直至今日收获颇多。有师生情谊，有同事友爱，有领导关怀，等等。"俞老师将点点滴滴都铭记于心。

通过这次访问，我们不仅了解到俞老师课堂上的风采，更感受到他在生活中的简单从容。从俞老师身上，我们学到的不止是对工作兢兢业业、勤勤恳恳的态度，也有他对学生的热情，对生活的热爱。"你认真付出就会有回报！"这是俞老师赠与所有学生的金玉良言！

（查桂义、时晶晶）

来源：安徽工程大学校园网（2015年4月17日）

王冠凌

潜心学术 精育桃李

王冠凌，男，1971年9月生，安徽芜湖人，教授，硕士生导师，安徽工程大学创新学院副院长，教育部首批优秀创新创业导师。主要从事检测自动化装置、嵌入式系统开发等方向研究。获安徽省科技进步奖一等奖、安徽省教学成果奖一等奖、安徽省首届教学设备展一等奖，指导学生学科竞赛获A类赛事全国特等奖3项、全国一等奖6项。2014年被评为全国优秀教师。

王冠凌，安徽工程大学创新学院副院长，安徽工程大学电气工程学院（集成电路学院）教授，硕士生导师，自任职以来始终忠诚于人民教育事业，积极践行立德树人的教育使命，努力培养具有创新意识的高素质应用型人才。2014年，他被评为全国优秀教师。

王冠凌注重培养大学生的社会责任感，带领大学生开展科技志愿服务活动，带头践行社会主义核心价值观。在以科技竞赛和产学研究为依托引导学生创新能力发展的同时，王冠凌更注重言传身教。他带领学生利用周末和节假日，深入芜湖市及周边社区开展科普志愿服务和义务维修小家电等活动，利用大学生科技创新成果服务社区居民和中小学生，很好地发挥了大学生服务于地方经济社会发展的作用，先后被光明网、《芜湖日报》、《大江晚报》等媒体广泛报道。

实施素质教育，促进学生全面发展

他注重培养大学生的创新能力，积极指导大学生参加学科竞赛，获国家级奖项12项，省级奖项50多项。他长期担任电气工程学院大学生创新基地的指导教师，高度重视学生创新精神和实践能力的培养，为学生的课外学术科技活动建立专门的创新实验室，设立专门的奖学金，从多方面为学生学术科技活动的开展提供良好条件，组织开展了一系列学生广泛参与、影响力较强的科技创新竞赛活动，指导学生在“挑战杯”全国大学生课外学术科技作品竞赛、全国大学生电子设计竞赛、“飞思卡尔杯”全国大学生智能车竞赛等活动中取得骄人的成绩。每年暑假，他都和参加竞赛培训的学生一起同吃同住在实验室，学生说“有王老师在，我们更有斗志”。为了引导学生不断进步，他在平时教学指导中注重学生的思想教育：当学生遇到挫折时给予及时鼓励，成功时则激励他们更进一步，争取更好的成绩……正是这种辛勤的付出，让学生深受感动，备受鼓舞，在赛事中不断取得佳绩。

践行教育改革，努力推进教育创新

他在教学改革、教材建设、实验室建设、提高教育教学质量等方面，取得良好成绩，先后获安徽省教学成果奖特等奖1项、一等奖2项、二等奖1项。主持的“以培养学生实践和创新能力为导向的学科竞赛与毕业设计教学改革探索”项目获安徽省教学成果奖一等奖。该课题研究历时6年，结合安徽工程大学电气工程学院进行实践探索，提出了学科竞赛、毕业设计、创新创业融合的教科研模式，构建了可持续发展的创新实践体系，形成了一支结构合理、实践创新能力强的教学团队，显著提高了大学生创新实践能力。

（查桂义）

来源：安徽工程大学校园网（2015年5月22日）

文学飞

行如微尘 大爱无疆

文学飞，男，中共党员，1973年9月生，山西稷山人，安徽工程大学校园管理中心主任，芜湖市第55位“中华骨髓库”志愿捐献者。长期致力于扶贫工作，先后资助23名贫困学生。现任安徽工程大学第八批选派驻村干部——南陵县何湾镇涧滩村第一书记（乡村振兴驻村工作队队长），2022年荣获“南陵好人”荣誉称号。

文学飞，安徽工程大学校园管理中心主任，现任南陵县何湾镇涧滩村第一书记（乡村振兴驻村工作队队长）。他自大学毕业以来，无偿献血20余载，献血总量12000多毫升，为芜湖市第55位“中华骨髓库”志愿捐献者。参与芜湖市“春蕾计划”，先后资助23名贫困学生。自任乡村振兴驻村工作队队长以来，他始终奋战在防汛抗洪、巩固脱贫攻坚成果、水毁项目现场勘察、“土地增减挂”、房屋调查等一线，为建设美丽乡村尽心尽力。他时刻关注村里的特殊群体，为失亲儿童、患有癫痫病的村民、退伍党员、五保户等送去温暖，获得村民广泛好评。

一腔热血暖，献血脚步坚

1998年，文学飞开始人生中的第一次献血，而让他坚持献血的是几年后的一次意外。那时，他的岳母因病出血住院，此次就诊经历让他意识到血液储备告急时病人及家属的无助，从那之后，他便决定将献血作为自己终身投入的公益事业。后来，他又毅然将自己的名字写在了“应急献血者”一栏，无论何时何地，有召必达。从1998年至今，20多年里，文学飞的献血本已经写满了14本，献血总量12000多毫升，同时成为一名“应急献血者”。他还加入“中华骨髓库”，成为芜湖市第55位志愿捐献者。

在安徽工程大学工作期间，每次学校组织献血活动，他总是身先士卒，“我就是觉得，要学生做到的事，老师必须先做到”。桃李不言，下自成蹊，文学飞用自己的实际行动为学生树立了榜样，用红色的精神力量滋润了无数青年学子。

爱心润春蕾，花开别样红

2011年6月1日，文学飞在《大江晚报》上看到了芜湖市“春蕾计划”：“本报现将所有贫困家庭女孩情况介绍给读者，以求得到爱心人士的帮助。”一行行的介绍看似简短，却透射出女孩们的生活困顿和家庭变故，这些方正的铅字在文学飞看来就像一双双无助的眼睛：“我想了想，决定资助两名正在上小学的女孩，也许可以改变她们的人生轨迹。”就这样，文学飞成为“春蕾计划”中的一员。

不久，他收到了第一封感谢信，刚上二年级的女孩字写得还不是很工整，但字里行间却闪烁着希望：“亲爱的文叔叔，感谢您给我的资助，让我和爸爸感受到了人间的温暖。”看着一行行稚嫩真诚的文字，文学飞的眼睛湿润了。

之后每年，文学飞都要资助两名贫困家庭的女孩，还在假期携家人为她们购置衣物和文具。十余年来，他一共资助了23名贫困儿童。文学飞用一颗真诚细腻的心，呵护着一朵朵含苞待放的春蕾。

心系农村事，奉献脚不停

2021年4月，安徽省委、省政府选派乡村振兴驻村工作队的通知一出来，他第一时间找到了领导，要求报名。他说：“我是在农村长大的，现在有机会我想再回到农村，贡献我自己的一分力量。”同年6月9日，经省、市组织考察选派，他来到了南陵县何湾镇涧滩村，任乡村振兴驻村工作队队长、村第一书记。从三尺讲台来到了广阔乡村，皮肤白净的大学老师被晒成了皮肤黝黑的第一书记，变的是身份，不变的是为人民服务的决心。第一次到基层工作的他，很快适应了乡村工作节奏，走村入户，了解村情，制定规划，很快就和这里的干部群众打成了一片。在村民们眼中，皮肤黝黑、身材略显消瘦的文书记和普通农民没什么两样。同时，村民一有困难，第一时间想到的人就是他。

驻村不到3个月，文学飞熟悉了村民村情，16个村民组、813户、2423人，这些数字他烂熟于心，同时对村内33户特殊家庭的情况更是了如指掌。村民余四六因身体原因，一直一个人生活，以打零工和卖菜为生。去年12月份他突然癫痫发作，家中蔬菜滞销。文学飞了解情况后第一时间来到了余四六家中，主动帮助他将蔬菜运到芜湖市区销售，不仅销售一空，还比之前多挣了1000多元。文学飞看到沟埂组五保户村民田道明冬天穿的衣服单薄，立即脱下自己的羽绒服给他穿上。退伍军人金电影独自一人生活，盖的被子是多年前制作的，已经不保暖，文学飞默默地到镇上给金电影定制了8斤重的新棉被送到家里，金电影老人激动得说不出话来，逢人便夸“文书记是个好人”。文学飞只要路过张雅娟奶奶的住处，都会到她家里看看，看厨房里空了，就买肉、牛奶、菜籽油等送过去；看到屋子里的东西坏了，就动手帮忙修好或买新的替换……这些平凡温暖的行动为留守在农村的老人们带来温暖和希望。每当村民热情地和他握手，表达感谢之情的时候，文学飞总说：“这是党的政策好，这是我职责所在，是党要求我们这样做的。”

为了增加村集体经济收入，提高村民的生活水平，文学飞积极联系安徽工程大学工会和皖南医学院工会，争取到了提供中秋、元旦、春节的教职工福利共2100份的机会，以销售村里生产的绿色农副产品，这直接为村集体增加了24.98万元纯收入。为改善村内基础设施建设，他在不到8个月的时间里自驾车行程近10000公里，争取到安徽工程大学帮助村部建设项目投资30.8万元、南陵县水务局枫园大塘水毁修复项目16.8万元。凡事他总是亲力亲为，冲在第一线，他以实际行动践行报名乡村振兴驻村工作队时对党的承诺：吃苦、吃亏、出力、实干。

几十年来，文学飞始终把自己当成一粒种子，落在哪里，就在哪里扎根，责任为壤，爱心如露。他始终坚守着一名共产党员的初心，无私奉献、为人民服务。

（查桂义、夏露露、后雨剑）

来源：安徽工程大学校园网（2022年6月2日）

汪 军

汪洋学海 饮水思源 以拳拳之心反哺母校之恩

汪军，男，1975年4月生，安徽桐城人，教授，硕士生导师，安徽省教学名师，安徽省计算机学会常务理事，芜湖市计算机学会副理事长，现任安徽工程大学计算机与信息学院院长。先后组织申报数据科学与大数据技术、人工智能等新工科专业。带领团队主持申报的计算机科学与技术、软件工程2个专业先后获批“国家一流专业建设点”，软件工程专业获批省特色专业。主持、参加省级及以上教学质量与教学改革工程项目10余项。

“教学相长，授人以鱼不如授人以渔。”

当学生记者问及选择当一名教师的初心时，汪军表示因为自己喜欢将习得的知识和学习方法与别人分享，在分享中不仅让学生获得了知识，也启迪了自己的思维。“学生们有一些新颖的观点时常让我倍感惊喜，年轻人的思维总是很活跃，与他们相处我乐在其中。”谈及教学方法，他一直反复强调“授人以鱼不如授人以渔”的道理。“教给学生们一个学习方法就相当于给了他们自己开拓领域的能力，远远比教他们一个知识点重要得多。”汪军始终贯彻这一理念，他经常告诫学生：“计算机行业掌握方法很重要，要提升自己的动手能力，增强实践技能。不断地解决实际问题带来的成就感会令你们感受到自我价值的实现，从而更快地成长。”

王东方是汪军的学生，今年考上了南京理工大学的研究生，他在回忆往日向恩师学习的经历时不禁赞叹：“汪老师独特的教学方式时时刻刻提醒着我要工于学习、精于科研，掌握方法，不断地开发自己的潜力。得知我准备考博后，汪老师积极鼓励我要勇敢追求自己的理想。学高为师，身正为范，汪老师的示范引领在无形中给了我不断进取的动力！”

“知难而进，永葆‘斗争精神’才能搞好科研！”

汪军对待计算机专业总是保持着“初见”时的好奇与热情，在谈及计算机行业的前景时，他从领域内的人才培养谈到学科外的多元影响，从维度的变化讲到虚拟与现实的转换，当他深入浅出地向学生记者介绍计算机领域的无限魅力时，满眼都泛着欣喜的光。

只有敢于斗争，坚毅执着的人才能将巍峨峻岭的雄伟景致尽收眼底。“他身上的斗争精神有非凡的魅力，”汪军院长的实验室同事严楠老师接受采访时这样说道，“记得我们之前做一个项目，时间紧、任务重，连续一周每天都奋战到凌晨两点，在汪军院长的鼓舞下我们知难而进。经过大家的不懈努力，最后取得的成果有目共睹。”

“进了这门，从此我们就是一家人！”

学生们口中的汪老师和蔼可亲、平易近人，总把学生当成自己的孩子对待。不论是在日常生活还是科研教学中，只要学生遇到困难，汪军始终尽心尽力地为他们排忧解难。回忆起与学生在一起的点点滴滴，汪军的眼里掠过丝丝温情：“学生们进了计算机学院这扇门，从此我们就是一家人。我要尽我所能地教好他们，就如同对待自己的孩子一般。”欢乐着学生的欢乐，忧伤着学生的忧伤。汪军如是说，也如是做。

计算机与信息学院的学生陈峰说起汪军老师，感激之情溢于言表：“完成毕业论文期间，在开发论文所需程序时我遇到了很多困难，那时候汪军老师出差了，我因新冠疫情无法返校，所以经常线上请教老师，为解决一个难题我们经常要谈论两三个小时，汪军老师总是耐心地为我解答直至深夜。”

饮水思源，缘木思本。汪军于1999年从我校计算机应用专业毕业后留校任教，20多年来他用母校教给他的知识来回馈母校，培养出一大批青年才俊。正因为有许多如汪军般苦心钻研、热血奋斗的好老师，安徽工程大学的教育事业才会蒸蒸日上、蓬勃发展！

（查桂义、陈鹏旭、汪涵）

来源：安徽工程大学校园网（2022年9月27日）

刘有余

潜心教学　游刃有余　从书本中来　到实践中去

刘有余，男，中共党员，1976年10月生，安徽桐城人，博士，教授，硕士生导师，安徽工程大学机械与汽车工程学院机械工程系教师，主讲“数控机床”“机械制造技术基础”“互换性与技术测量”等课程。系中国机械工程学会机械设计分会委员，安徽省机器人产业技术创新战略联盟专家委员会委员，安徽省机器人学会会员。曾主持多项国家级、省级重大科研项目；在国内外学术期刊上发表论文40余篇，编著教材6部，申请专利44件；荣获安徽省教学成果奖一等奖、安徽省科技进步奖二等奖和三等奖各1项。

“化虚为实，化繁为简，实践是学好工科的‘法宝’。”

“充分运用现代技术和手段，让它们助力我的教学工作。”当被问到在教学过程中有什么经验和技巧时，刘有余反复提起虚拟仿真等一系列现代技术。为了使学生能够更加深入地学习数控机床这门课程，他通过自学编程，自主研发了“数控机床虚拟仿真软件”，将晦涩难懂的理论知识通过软件直观地演示出来。“我教授的课程是数控机床，有些理论知识非常抽象，通过软件模拟的方式可以将抽象的理论知识具体化，让学生学起来更加容易。”

此外，刘有余十分注重数控机床的实践操作，他结合课堂上的理论知识，将复杂原理动态化，让学生身临其境地感受实践过程，更好地掌握数控机床的原理。对于这一点，机制181班汪祁杰同学感触颇深，他说：“刘老师在课堂上一直强调，工科最大的特点在于实践。在进行课程教学时，刘老师会通过示范数控加工仿真软件来一步步演示真实车床加工步骤，大大提高了我们对这门课程的学习兴趣。当我在报考研究生时，第一个想法就是继续选择刘老师做我的导师。”

“做科研就像抓鱼一样，要勇于跳入‘水中’。”

刘有余认为做好科研是每一位大学教师的责任与使命，他始终坚持奋战在科研一线。机械研21班陶万宝回忆道：“刘老师的书桌上总是摆满了文献，晚上10点后我们依然能在实验室看到他的身影。”在科研道路上，刘有余始终保持着一种严谨、认真的态度，他认为做科研就像抓鱼一样，不能只在岸边踱步而不敢“下水”，必须要勇于跳入“水中”，深入进去，才能抓住重点和难点。陶万宝说：“刘老师对科研始终充满着好奇心，记得有一次他带我们去云制造实验室拍摄操作视频，在指导我们拍摄视频的同时，刘老师还对整个系统的子系统，如视觉检测、PLC和云制造很感兴趣。刘老师带着这份好奇心不断地拓宽自己的研究领域，同时也要求我们把科研的道路越走越宽。”

刘有余善于用科研反哺教学。他说：“科研是做好教学工作的基础与保障，能够开阔教师的视野，让教师站在更高的高度着手教学工作。不论是机器人、自动化，还是数控机床，这些领域的研究和突破都对专业课的讲授有着重要作用。”

“既然选择了当教师，就要尽我所能做到最好。”

同在一个办公室的杨四阳老师表示：“刘老师是个严谨认真的人。无论是对待教学工作还是科研，他都始终保持严谨认真的态度，会尽自己所能把工作做到最好。”

谈到成为一名教师的初心时，刘有余表示：“当初成为一名教师实属机缘巧合，既然选择了它，我就要把教师这份工作做到最好。”没有什么华丽的辞藻与崇高的目标，只有一位老师默默奉献数十年青春的真情。多载杏坛耕耘，刘有余培养了大批优秀毕业生，也收获了莫大的快乐。“看到那些可爱的孩子们能够学有所成，毕业后在各自领域发挥着重要的作用，是我作为一个教师最大的满足与喜悦。”说话时，刘有余的眼中满是藏不住的欣慰与喜悦。

（查桂义、于洋、郑科宇）

来源：安徽工程大学校园网（2022年7月15日）

徐珍珍

创造自我价值　彰显巾帼力量

徐珍珍，女，1976年8月生，安徽青阳人，博士，教授，博士生导师，安徽工程大学纺织服装学院党委书记。主要从事纺织新材料、纺织结构复合材料的开发和应用研究，获省部级教学成果奖4项、安徽省科技进步奖三等奖1项、德国纽伦堡国际发明展金奖1项，被评为安徽省教学名师，获安徽省五一劳动奖章、安徽省五一巾帼标兵。

有一位管理经验丰富、教育情怀深厚、科研成果丰硕的老师，20年如一日扑在教书育人岗位上，以兢兢业业的工作态度赢得了师生和社会的广泛赞誉，她就是徐珍珍。她现任安徽工程大学纺织服装学院党委书记，是一名优秀的女性劳动者，荣获2022—2023年度安徽省五一劳动奖章、安徽省五一巾帼标兵荣誉称号。

倾心管理，做好学院工作的领航人

自担任纺服学院副院长和党委书记以来，她立足党建引领，推动学院教学、科研和人才培养高质量发展。她支持学院分工会发挥作用，完善教授委员会工作机制等，开展丰富多彩的活动，凝聚教职工力量，在全院形成了上下齐心协力、一心一意谋发展的良好氛围。

她创新打造的“功能组合型职工小家”建设模式，获得安徽省教科文卫体工会重点支持职工小家建设项目立项。学院党委2023年获批省级党建工作标杆院系培育建设单位，纺织科学与工程学科2022年获批安徽省应用型高峰培育学科建设，纺织工程专业获批国家级一流本科专业建设点并通过教育部工程教育专业认证，学院党委2022年获校首批“双强示范党委”等。

倾心育人，做好学生成长的引路人

徐珍珍长期坚守在教学一线，始终把立德树人作为教育的根本任务，致力于培养优秀的纺织专业人才。在承担本科生、研究生的课堂和实践教学工作的同时，还负责指导多名研究生开展学术研究和科研创新。作为一名老师，她秉持个性化引导的原则，在专业思想教育、职业生涯规划等方面给予不同的学生具有针对性的指导。在学业指导以外，针对学生在生活中遇到的问题，她也会利用女性细腻而强大的力量给予帮助，

及时回应学生诉求、解决学生实际问题，赢得了学生的高度评价。“我们的实验中有些环节涉及其他专业领域，徐老师都会积极主动地帮助我们联系其他专业的老师和实验室，从不嫌麻烦。”她指导过的一名研究生这样说。

徐珍珍非常注重本科生科研项目制人才培养，她参与指导非织造材料与工程专业2021级学生孙鹏飞积极参与海螺集团项目研发，该生作为典型代表被《中国科学报》《中国青年报》宣传报道。“刚入学的专业认知班会上，徐老师说了这样一句话：一句承诺，一段科研。她告诉我们，一定要找到自己感兴趣的专业细分领域，最终鼓励我参与到海螺集团的研发项目中去。”孙鹏飞说。

近年来，她先后主持和参与省部级教学项目8项，获省部级教学成果奖4项，指导学生在专业学科竞赛中获奖20多项，2023年获安徽省教学名师称号。

倾心科研，做好学科专业的开拓人

在学术科研领域，徐珍珍充分发挥女性特有的细腻、耐心优势，沉得下心，耐得住寂寞。她专注于功能纺织材料、纺织结构复合材料的研究，研究方向与市场需求和“双碳”要求高度契合。她曾带领团队与某生物科技有限公司联合开发生物基聚乳酸系列纺织品，获得了市场的好评。此外，她还与海螺集团联合开发水泥窑隔热气凝胶材料，在芜湖海螺等4条生产线上得到初步应用。

近年来，她主持和参与了包括国家自然科学基金面上项目在内的10多项科研项目，获省科技进步奖三等奖、德国纽伦堡国际发明展金奖，授权发明专利20多件。她发表论文100余篇，制定行业（团体）标准2项。作为负责人，她成功申请成立了安徽省纺织结构复合材料国际联合研究中心，推动了学院的国际合作交流与研究。她开展科普报告10多场，受益青少年1万余人。

传统的纺织服装业是安徽不少县域经济的支柱产业或主要产业，正面临转型升级的压力。徐珍珍组织教师深入企业一线和产业集中区域，为地方经济建设提供技术支持和人才保障。作为团长，她组建了安徽省科技特派团——利辛县轻纺服饰产业科技特派团，针对瑶海时尚街区、孙村服装第一镇、安庆纺织服装产业链建设，深入企业调研，搭建校企合作平台，为服务地方产业发展献计献策。

多年来，徐珍珍还利用自己的科研影响力拓展国际合作资源。她主办中日复合材料学术与技术研讨会，推动建立与日本信州大学的校际合作，提升了学院的知名度和影响力。

徐珍珍是新时代的优秀职业女性，能平衡好工作和家庭的关系，营造和谐的家庭氛围，诠释了属于自己的不同角色，在创造自我价值的同时也收获了最好的自己。

（查桂义、蒋梦萍）

来源：安徽工程大学校园网（2024年5月1日）

严　楠

做学生的知心人、领路人

严楠，男，中共党员，1979年6月生，江苏南通人，安徽工程大学计算机与信息学院软件工程系教师党支部书记、软件工程系主任，教授。被评为安徽工程大学“中江学者”，获全国教育系统先进工作者，安徽省教科文卫体系统职业道德（师德）先进个人，校特档教学骨干、先进个人、优秀共产党员、优秀党务工作者、师德标兵等多项荣誉称号。

严楠，安徽工程大学计算机与信息学院党委委员，软件工程系教师党支部书记、软件工程系主任，教授。工作18年来，在基层党组织建设、基层教学组织管理、教育教学改革、学生创新能力培养等方面取得了突出成绩，受到了广大师生的一致赞誉。

把培养社会主义建设者和接班人落在实处

作为党支部书记，严楠同志把政治建设摆在党支部工作的首位，深入学习贯彻习近平新时代中国特色社会主义思想和党的十九大及十九届历次全会精神，团结带领支部教师积极践行“四个引路人”和“四个相统一”的要求，努力成为“四有好老师”。2018年，支部被遴选为学校首批“双带头人”教师党支部书记培育工作室。他经常创造性地开展形式多样的主题党日活动，有效地提高了支部党员的组织观念和党员意识。支部党员在教育教学、科学研究、服务管理等方面发挥了模范带头作用，取得了优异的成绩，软件工程系教师党支部多次被评为安徽工程大学先进基层党组织。

准确把握高等教育基本规律和人才成长规律，潜心教书育人

作为软件工程系主任，严楠老师2012年参与申请软件工程专业并获批。在新专业建设中，他主持修订软件工程专业培养计划4轮共10余次，制定和完善新专业教学文件20余份，先后完成了软件工程专业云平台和专业实验室的建设。在新专业评估中，获得参评专家的高度肯定，2017年软件工程专业获批安徽省“卓越人才教育培养计划”专业。

严楠积极探索适合我校特点和学生需求的专业办学模式，提出了纵向层次化、横向模块化的工程教育培养体系，形成了“三个加强、二个接轨、一个结合”（加强基础、加强实践、加强外语教学，与企业接轨、

与行业接轨，产教赛研相结合）的特色培养模式，保留并强化了原有的专业基础课与专业主干课，对专业方向课进行了精心的选择，重点突出实践环节及与企业联合培养。在专业建设中，积极深化课程改革，更新知识结构，提升课程含金量；践行OBE教育理念，构建教学质量评价及监控体系闭环；积极推进“课堂实验教学—课外科研立项—专业实习实践”“三位一体”的实践体系，使学生创新实践能力和科研竞赛水平得到了明显提高。

2018年他主持的“学科竞赛助力新工科建设的探索”获得了安徽省教学成果奖一等奖，根据新工科建设跨学科、跨领域、跨行业的人才培养及“创新协同”的实践模式的需求，提出了以智能车竞赛为载体的学生综合实践能力培养路径。2018年软件工程教学团队获评安徽省高水平教学团队，2019年软件工程专业积极申报了国家一流专业，并组织申报工程教育专业认证。

严楠主持安徽省教育厅重点教研项目1项，省级精品资源共享课程1项，校级提升计划3项，参与省级质量工程项目6项。先后主编、参编《计算机网络》《网络工程与组网技术》等教材。承担“软件工程专业导论”“计算机网络”“软件工程专业前沿”“计算机网络管理”等4门专业理论课程教学任务。积极拓展实习实训基地，申报并获批3项教育部高教司产学合作协同育人项目，1个协同创新育人基地。

激励学生刻苦读书学习，做学生的知心人、领路人

严楠利用课余时间坚持指导学生参与课外活动，连续10年指导学生参加智能汽车竞赛。近年来，他指导的学生获得A类赛事国家一等奖1项、二等奖2项、三等奖1项，B类赛事国家一等奖8项、二等奖8项、三等奖12项；获批国家级大学生创新创业训练计划项目3项，省级大学生创新创业训练计划项目2项。

严楠十分注重不断提高自身的科研能力，近年来，先后主持或参与国家自然科学基金项目2项，安徽省自然科学基金项目1项，安徽高校省级自然科学研究重点项目3项，安徽高校省级自然科学研究一般项目4

项，芜湖市科技计划项目2项，校企合作项目2项；发表科研论文10余篇，其中被EI收录4篇，发表教研论文5篇；获得软件著作权1项；主持并获得省级科技成果2项，参与并获得省级科技成果2项。他还关注团队建设，在自己所承担的各项科研项目中，积极鼓励青年教师参与，使他们在实际的科研工作中得到提高。

（查桂义、江帆）

来源：安徽工程大学校园网（2019年9月10日）

薛保红

绽放生命光彩　做体验教育研究的先行者

薛保红，男，中共党员，1980年1月生，山西临汾人，教授，硕士生导师，安徽工程大学体验产业学院执行院长，长期从事体验教育教学理论和实践研究。2008年北京奥运会火炬手，被评为全国优秀裁判员、安徽省工会系统先进个人、安徽工程大学优秀党员，获安徽省工人先锋号荣誉称号。

2003年，薛保红来到我校担任计算机与科学工程系辅导员一职，开始了他的大学教学生涯。他说："我是一个不安于现状的人！"确实如他所说，从2003年至今，他做了许多让人惊讶的事情：担任辅导员期间，他打破传统带着学生在草地、运动场、树林、神山公园等地召开班会，率先在全年级组织班级团队文化建设工作。作为体育学院的教师，他6次打破并保持5项校运动会纪录，当选2008年北京奥运会火炬手，攻读体育硕士和法学博士。作为体验教育研究者，他创办安徽工程大学体验教育研究中心，历时6年拜访了26个省54个城市的103家企业，每年自费外出参加学习2—3次，自筹经费举办了三届全国体验教育战略合作伙伴会议，为教育部高校辅导员培训和研修基地开办大学生体验教育专题研修班，担任团中央少先队事业发展中心技术顾问等。

选择体验教育，确立事业方向

2007年，薛保红老师的孩子出生后，因颅内大出血住进了重症监护室，薛保红老师在经历了21天的重症陪护生活后，在神经科医学专家的建议下，为了孩子的健康发展选择了研究体验教育。从此，开始了他的生命探索之路。用他的话说，父母给了他身体的生命，孩子给了他精神的生命，他要用自己有意义的生命影响更多的生命。他将体验教育研究工作确立为自己终身的事业。2008年以来，他自费前往北京大学进修拓展训练专项课程，前往香港童军总会、香港历奇辅导学会、中国香港挑战网阵协会、香港大学、香港中文大学、亚洲体验教育学会（台湾）等机构学习体验教育理论与技术，还与美国经验教育学会、英国谢菲尔德大学户外教育系建立了良好的合作关系。为了将体验教育技术本土化，他每年参加3—4次全国性行业交流大会，并无私地分享自己的研究成果和心得，与一线体验教育工作者进行交流学习。历时6年，他编著出版了具有行业引领水准的《体验式培训师培训教程》《体验教育创新——原理与方法》等著作，自主开发了体验教育教练箱。

树立“三业”统一观，立足岗位创事业

2009年至今，薛保红老师先后组织了三届全国体验教育高峰论坛，将自己研发的20余套活动和课程无私地奉献给全国的体验教育同行，赢得了广泛的赞誉和好评，被誉为国内体验教育研究的先行者。在国内率先成立了体验教育研究中心，为我校成为该领域研究权威机构奠定了基础。经过6年的发展，我校的体验教育研究中心已经成为国内体验教育研究的领军单位，与北京大学拓展训练研究中心并列为国内两大权威研究机构，深受国内同行业人士的信赖。在事业发展中，他确立了立足岗位创业的“三业”统一观，即充分发挥自己的学业（专业）优势，立足从事高校教育教学的职业发展观，开展符合自己爱好和兴趣的体验教育事业，终身围绕体验教育开展教学和研究工作。通过努力，我校体验教育研究中心与教育部高校辅导员培训和研修基地合作主持教育部高校辅导员专题培训项目1项，主持安徽省教育厅重点招标项目1项，主持产学研项目5项，即体验产品开发与设计研究、青少年素质教育基地软硬件设施研究、基于国家电网企业文化的体验培训课程整体解决方案研究、中小学生体验教育课程与方法训练研究、中小学生研学旅行课程开发研究。

在教育部提升计划的支持下，薛保红老师主导建设了设施完备的体验教育研究营地，在长达半年的规划施工建设工作中，他始终冲在一线，加强对设计、施工监理等方面的督查。目前该营地已经成为学校开展产学研合作的战略联盟平台机构，为国内一百多家企业的研究咨询提供服务，并作为学校学生综合素质教育和发展的营地，对提高全校学生综合素质教育工作的成效有着重要作用。值得一提的是，我校的体验教育研究营地是目前国内高校建设的功能最完备、理念居前沿的规范性营地。

生病不离岗位，绽放生命光彩

2014年7月，由于工作劳累，薛保红老师病倒了，随后进行了手术治疗。术后不久，薛保红老师就毅然回到了工作岗位，正常为学生讲授

“活动策划”课，正常开展基地的管理和研究工作，主持完成了国家电网委托课题1项。用他的话说：“我是一个离开工作就不会生活的人，体验教育是我毕生的事业，更是我的生命……在我病重期间，得到各级领导和同事们的关心和慰问，学生们也轮流值班陪着我，是安徽工程大学这个大家庭给了我勇气和温暖，我只有更加努力地做好自己的本职工作，才能对得起大家。”他的敬业和对体验教育事业的热爱体现了一名人民教师、一名优秀共产党员的风采。他良好的心理素质更让人感受到作为一名体验教育工作者过硬的职业素养。他说：“人无法决定自己出生和死亡的时间，但每个人可以决定自己生命的高度、宽度和深度。”危及生命的病痛让他更深入思考了自己生命的价值和意义，明白了珍惜时间的重要性，立志要在有限的时间内更加有效地服务于教育事业，利用有限的资源深入地研究体验教育，使其更好地促进学校的教育教学和学生素质的发展。

微笑面对生活，生命影响生命

薛保红老师对于产学研工作的认真和投入在于他对生命的敬畏和体验。丰富的人生经历，使他更深刻地认识到每一个生命都是世界上独一无二的。敬畏生命使他更加珍惜和热爱生活。他将学校学生的综合素质拓展训练工作作为培养学生的抓手，10年来培养1200多名学生走上了相关的工作岗位。抓住理论和实践研究的重要环节，开展富有成效的产学研工作，为合作伙伴和体验教育从业者提供更新的技术和成果，不断丰富行业的内容。利用年会等多种机会，开展体验教育的理念和文化传播工作，让体验成为一种生活，让感悟引领文明，让生命绽放夺目的光彩。薛保红老师始终重视与每一个人的每一次对话，他总是用微笑和自信面对每一个朋友，他用自己生命的真实体验诠释着自己生命的价值，让产学研服务学校、服务社会的核心价值得以实现。在前行的道路上，他正在用生命影响着生命，让生命越来越旺盛！

（查桂义）

来源：安徽工程大学校园网（2015年5月7日）

袁一鸣

相伴成长的快乐

袁一鸣，女，中共党员，1982年12月生，安徽池州人，安徽工程大学电气工程学院副教授，被评为安徽省教科文卫体系统职业道德省（师德）先进个人，安徽省线上教学新秀，校课程思政教学名师、“我心中的好老师”等。曾获全国高等学校青年教师电路、信号与系统、电磁场课程教学竞赛一等奖，全国高校混合式教学设计创新大赛三等奖，安徽省普通本科院校青年教师教学竞赛一等奖，安徽省高校教师教学创新大赛二等奖等。指导学生参加电子设计竞赛获得全国一等奖、二等奖及省级奖项多次。主讲“信号与系统Ⅱ”课程，获批安徽省精品线下开放课程、安徽省教学示范课堂、安徽省线上教学优秀课堂。

加大改革力度，创新教学模式

作为一名教师，每当站上讲台，看着学生们满怀期待的脸，袁一鸣都会不由自主地心生愉悦，胸怀热忱。

“好的老师不仅要有一桶水，更应该有一池流动的‘活水’。”这是袁一鸣作为一名专业课教师的信条。于是，她利用课外时间积极“充电”，参加教学培训多达几百学时。为了备好一堂课，她花别人五倍甚至十倍的时间和精力。在教学过程中，她主动进行知识更新和利用，自觉拓宽知识领域，课堂上引用鲜活的经典案例，努力把最新的理念、技术和行业前沿成果分享给学生。

袁一鸣努力创新思维模式，推进教育教学改革创新，推行线上线下混合教学改革，做到信息化和传统教学的深度融合。她将智慧教学工具和慕课融入课前、课中、课后。基于重难点内容采用多种教学手段进行课堂设计，构建了“课前驱动、课中促成、课后巩固、全过程评价”的混合式教学模式，效果显著。

新冠疫情防控期间，响应“停课不停学”的号召，袁一鸣积极投身线上教学，形成了一套线上教学经验。她采用云课堂+QQ群+直播平台开展网络教学，事先按照教学班级建好群，制定A、B、C三套计划，网络通畅采用计划A，即云课堂直播；网络拥堵采用计划B，即直播平台+云课堂；网络瘫痪采用计划C，即推送录制的视频+QQ群文字说明。结合线上慕课和习题，课前推送预习内容，课堂直播、录播，课后推送复习。

袁一鸣说，无论采用什么技术手段和方式，都需要精心设计教学内容，保证教学系统的闭环管理。

温暖学子心，照亮求知路

在实践中，袁一鸣将课程思政体系化融入专业课程，构建了以学生为中心的课程思政教学闭环体系，致力于打造有温度、有高度、有广度、有量度的“四度”课堂。课堂上欢声笑语、互帮互助，课下师生广泛交流、鼓劲加油。师生关系融洽，彼此之间都收获了满满的感动，相伴成长。

就这样，在课堂上，她是认真敬业的好老师；在生活中，她是热情友善的好姐姐。在她眼里，学生的事就是自己的事。自动化专业每年考研人数较多，从考研学校的选择、学习方法的调整到复试的准备等诸多问题，袁一鸣都会一对一地帮助学生解决。

袁一鸣说，回归岗位自身，便是守好一段渠、种好责任田。在教书育人路上，学无止境，只要心中有光，梦想就在前方。

（查桂义）

来源：《安徽青年报》（2021年9月10日）

纵翠丽

“上下”翻转　以赛促教的成长路

纵翠丽，女，中共党员，1983年1月生，安徽宿州人，安徽工程大学副教授，首批国家级线上线下混合式一流本科课程负责人，获得首届全国高校教师教学创新大赛三等奖、安徽省“同课异构”教学竞赛二等奖、安徽省“停课不停学”在线教学优秀案例二等奖等，曾获得安徽省智慧课堂“教学之星”、校课程思政教学名师、先进个人等多项荣誉称号。

纵翠丽，经济与管理学院市场营销系教师，主讲“服务营销”“品牌管理”“营销策划”课程，我校首批国家级线上线下混合式一流本科课程负责人，获得首届全国高校教师教学创新大赛三等奖、安徽省“同课异构”教学竞赛二等奖、安徽省“停课不停学”在线教学优秀案例二等奖等，并获得安徽省智慧课堂“教学之星”、校课程思政教学名师、先进个人等多项荣誉称号。

“上下”翻转，潜心致力于教学模式改革研究

纵翠丽老师长期从事“OTO”线上线下混合式教学模式改革研究，通过“目标层级切分、内容结构重塑、教学多维互动、四轮并驱培养、课程思政引航”等多项教学创新举措，有效克服了市场营销专业课程中的教学痛点和难点，特色鲜明，成果显著。她主持申报的“混合式教学理念下市场营销专业课教学创新”成果获得安徽省教学成果奖二等奖，主讲的“服务营销”课程获批省级智慧课堂试点项目，此课程也被认定为首批国家级线上线下混合式一流本科课程。

纵翠丽表示，一切教学方式方法的创新，都是为了更好地服务于学生成长成才。线上“启发引导”、线下“互动教学”，她让学生对课程知识有了更加透彻的理解。线上，纵翠丽将基础知识制作成课件和微视频发给学生，通过企业案例深入浅出地将概念讲述清楚，启发引导学生掌握营销基本理论知识。线下，她重在组织主题讨论、互动教学，加强对知识的扩展。线下的主题讨论和案例训练不仅能及时检验在线学习效果，还能了解学生的学习进度和成果，便于比较学习。课中翻转阶段，学生参与度高，能够很好地训练实践能力和创新能力。

以赛促教，在精彩一课中不断提升自我

纵翠丽一直致力于教学模式的创新，积极参加各种教学创新比赛，以赛促教推动课程改革。谈及教学比赛，她表示，对于每位老师来说，认真授课是本职工作，即使没有比赛，老师们也会认真准备教学内容设计，参加各类比赛的意义是给自己更大的驱动力，帮助自己树立目标、明确方向，这些比赛能够推动教师思考如何更好地做教学设计，如何让课程更出彩，将自己在比赛中的收获反哺到日常教学中。

市场营销182班的陈菲同学告诉学生记者：“纵老师努力将每堂课尽可能完美地呈现出来，她的课非常精彩，大家都很喜欢。她十分重视每一次教学比赛，在录课过程中，她认真记录同学们提出的每一条意见，她将比赛中创新的教学方法运用到日常教学中，不断为课堂教学带来活力。”

良师益友，用心用情守护每一位学生

当谈及选择教师这个职业的初衷时，纵翠丽说：“家中有几位长辈都从事教育事业，受他们影响，成为一名教师是我的梦想。”当梦想实现后，她一直用心用情呵护着每一位学生，努力成为学生的良师益友。

纵翠丽担任营销协会、知行社两个学生社团的指导教师，她经常利用业余时间指导学生参加专业或学科竞赛，指导学生以第一作者身份公开发表论文多篇。此外，她多次组织学生开展考研交流会，鼓励学生考研，积极为考研复试的学生撰写导师推荐信，提供复试指导。

在市场营销182班的邱浩奇同学看来，纵老师不仅在教学上专注认真，课后也非常关心同学们的心理状态与未来发展。“大三时的我正处在举棋不定的迷惘之中，一次跟纵老师的交谈让我豁然开朗，明确了自己前进的方向，非常感谢纵老师！她在我面对考研、考公务员、找其他工作不知该如何选择的那段时间里支持我、鼓励我、帮助我，为我答疑解惑。”

学高为师，身正为范。这是纵翠丽一直以来坚守的职业准则。在她的身上，我们看到了一位青年教师的责任与担当，她勇于创新、以赛促教、关爱学生，走出一条年轻教师教学相长的道路。

（查桂义、张慧、杜黎）

来源：安徽工程大学校园网（2022 年 6 月 17 日）

朱　琦

享受竞赛　倾心教学

朱琦，女，中共党员，1983年10月生，安徽安庆人，副教授，安徽工程大学外国语学院教师，美国布里奇波特大学访问学者。2016年外研社“教学之星”大赛全国总决赛冠军。2017年以全国冠军身份赴英参加IATEFL（国际英语教师协会）国际论坛。曾获安徽省优秀教师，校教坛新秀、教学骨干、先进个人、师德标兵等荣誉称号。

一线教学十年如一日，一线实战反哺口译教学

朱琦老师自工作以来，积极承担并认真完成英语专业一线教学任务，在教学中刻苦钻研，反复实践，成果突出。作为英语专业口译教师，朱琦深知“纸上得来终觉浅，绝知此事要躬行”。教师自己不参与口译实践，仅靠课本知识，难以给予学生真正的“干货”。课余，朱琦老师勇于打破“舒适区”，积极投身口译实战，用心反哺口译教学，多次担任芜湖市政府外事接待及会见会谈口译。此外，她为法国标致雪铁龙集团董事长、总裁 Carlos Tavares（唐唯实），庞巴迪运输集团全球总裁 Laurent Troger（特罗格），土耳其总理高级顾问 Hayri Cavusoglu（梅夫吕特·恰武什奥卢），土耳其安塔利亚省副省长 Halil Serdar Cevheroglu（哈利勒·塞尔达尔·切维赫奥卢），欧洲桥面铺装专家、国际浇注式沥青混凝土协会前主席、埃施利曼沥青工程公司董事长 Heinz Aeschlimann（汉斯·艾希里曼）等外宾担任会见及陪同口译。她还参与芜湖市轨道交通建设、芜湖市政府与美国卡内基梅隆大学机器人学院合作签约等重要会谈。

立足课本知识，结合立体真实的一手语言案例，朱琦老师的口译课程的含“金”量得到了大大的提升，也受到学生的一致好评。朱琦老师及时了解毕业学生去向、职业发展瓶颈，在课程中及时修订教学内容，近距离对接就业市场，积极联系翻译公司为在校学生提供宝贵的实战机会，并全程指导。她连续多年指导学生在全国口译大赛（英语）、海峡两岸口译大赛中获奖，培养了一批高素质的口译人才；指导学生获教育部国家级大学生创新创业训练计划项目2项（口译方向）。一批学生在其指导下被多个211院校口译专业录取为研究生，在专业领域继续深造。

汗水和智慧浇灌“教学之星”，冠军荣誉源于“传承”初心

2016年外研社“教学之星”大赛以“微课在翻转课堂中的应用——让精彩设计在知识与人心之间架起一座桥梁”为主题，初赛吸引了来自全国近1000名高校的英语教师参加，来自北京外国语大学、西安交通大

学等全国各高校的400多名参赛教师晋级复赛，近万名教师现场观摩。2016年7月，朱琦老师在南京复赛现场以专家打分第一、观众投票第一的高分夺冠，赢得通往北京总决赛巅峰讲台的通行证。12月，朱琦老师以92.9的高分从全国总决赛精英阵容中脱颖而出，斩获冠军。

在长达半年之久的赛程中，朱琦老师付出了艰辛的努力，克服了重重困难。在承担学院专业课程教学、本科生论文指导等繁忙工作的同时，超长赛程无时不在挑战着她的耐心和决心。复赛、决赛的微课及翻转课堂作品均在极为有限的时间内完成。从脚本设计到语言的反复凝练推敲，从录音的多次校对到画面揣摩，再到翻转课堂的总体构建及细节演示，最后面对现场评委的提问，无不考验着参赛选手的专业功底。在比赛探索过程中，朱琦老师采取“行动研究”，在真实教学中实践“微课与翻转课堂”，构建口译网络教学平台、虚拟社区，努力推进教学改革创新，在实践中打磨教法，以赛促教，用心用力打造“金课”。

通过竞赛，朱琦老师深切地体会到，教学竞赛最终要回归教学本身，教学竞赛不是一场“排练已久的华丽表演”，而是实实在在“知行合一的教学实践”。教学竞赛不是教师的“个人才艺展示”，而是要回归教学，反哺教学，以学生为中心，“让学习真正发生”。朱琦老师一次次对传统教学理念方法的改革、突破，不仅是“创新”，更是“传承”——传承的是敬业奉献精神和对教学发自内心的热爱。

（查桂义）

来源：安徽工程大学校园网（2019年10月8日）

邹梨花

不屈命运 “梨花”在奉献中绽放

邹梨花，女，中共党员，1987年10月生，江西宜春人，安徽工程大学纺织服装学院教师，博士，副教授。先后被评为校“我心中的好老师”、教坛新秀、教学骨干、“赤铸青年”等，其事迹入选校“学雷锋十佳事迹”。

古代文人曾把雪与梅花作对比，宋代诗人卢梅坡认为“梅须逊雪三分白，雪却输梅一段香”。但若将梨花与雪、梅相比，梨花既不逊雪之白，也不输梅之香。习近平总书记时常教诲青年“青春由磨砺而出彩，人生因奋斗而升华”，邹梨花老师的经历便是“花开白雪香”的真实写照。

邹梨花，2015年从东华大学纺织学院毕业来到安徽工程大学工作，成为一名传道授业的高校青年教师。初见邹老师，青春飞扬、乐观自信的形象与左上肢空荡荡的袖筒形成了鲜明的对比，面对大家的疑惑，邹老师毫不介意地解释是小时候的一场意外让她失去了左臂。12岁那年，为了营救弟弟，邹老师被高压电击伤。在接下来的22年里，她经历了植皮、截肢、分离、整形、修复等多次手术。在康复的同时，邹老师以积极乐观的态度，完成了本硕博学业，实现了当一名高校老师的梦想。

乐观自信，做一个生活中的强者

受伤后的邹梨花，很长时间被人看成了“废人”，无法自己独立生活。第一次走进班级，同学们投来异样的目光，她静静地坐在自己的座位上，不言不语，内心的孤独与无助无时无刻不在吞噬着她幼小的心灵。

一位老师及时给了她帮助，老师说班级每个同学都要做体操，还要打扫卫生，让她帮助老师监督，不要让同学们偷懒。接受了老师布置的任务的邹梨花，不知不觉和同学们打成了一片，孤独与无助悄然远去。从此，长大后做一名像老师一样的人成了她的信念，理想的种子在她心中生根发芽。

每一次的挫折就像蝴蝶的一次蜕变，尽管每一次手术，她都在痛苦中不断挣扎，但是意志得到了锻炼，力量得到了加强，心智得到了提高。在老师的帮助下，邹梨花从不爱说话、不愿与人交流，变得积极向上；从不敢在别人面前穿短袖和短裤，变得自信勇敢；从担心自己未来没有

希望，变得阳光潇洒。

考大学、读研究生、考博士，每一个阶段遇到的困难都被她一一克服。尽管走得缓慢且艰难，但是在老师的谆谆教诲和无私关爱下，邹梨花动力十足。历时6年，她以一名博士研究生的身份顺利毕业，成为安徽工程大学的一名教师。

乐于奉献，做一颗爱岗敬业的螺丝钉

邹梨花暗暗地下着决心，要成为一名优秀的人民教师。三年来，她完成由学生到老师的角色转换，努力成为学生心目中的阴霾心理“黑板擦”、人格雕刻家、照亮人生目标的灯塔，为他们播种希望，洒满爱的阳光。

在学生心中，邹梨花是他们的“梨花”姐姐、“梨花”老师。生活和学业上有困难、有心事、感到迷茫就去找“梨花”老师。她即使再忙，也会倾听学生的心声，尽最大的努力为他们排忧解难。她淡淡的笑容，深入内心的谈话，总能让学生豁然开朗。

有一次，一名学生去找邹梨花，说自己觉得很迷茫，女朋友和自己分手了，每天都不知道该干什么。她看着学生的眼睛，许久没说话。最后，她语重心长地跟学生说：“老师本科的时候都不敢去想谈恋爱，因为自己什么都没有，而且身有残疾。但是老师并没有自暴自弃，老师坚信，没有过不去的坎，只要坚定自己的信念，勇往直前地走就会收获意想不到的喜悦。”

在学生眼中，邹梨花平易近人、爱心满满、乐于助人，是一朵爱笑的“梨花”。她从来不谈自己的困难，总是笑对生活，笑对人生。大家经常能看到邹梨花和学生一起查阅文献资料、做实验、分析数据、修改论文。

邹梨花说最开心的事莫过于看到学生脸上洋溢的笑容。每一位考研学生专业难题得到解答时满足的微笑，每一堂课上学生听懂后会意的点头，每一位大学新生心理困扰得到排解之后舒展的面容：这些都会让邹梨花无比开心。因为这让她感觉到她正在成为那个自己一直敬佩、感恩、仰慕的“老师”。老师，不仅仅是一份职业，更是她一生的事业，是一份能够帮助他人、回馈社会的无上荣光。

在工作中，邹梨花勤勤恳恳、兢兢业业，认真备好每一堂课，用心讲好每一堂课。每一堂课，邹梨花总要在预备铃响前10分钟到，这样她可以提前理清思路，了解学生的学习情况，便于顺利开展教学。她对待科研一丝不苟，每个实验方案都会反复验证调整，她说实验数据经过反复验证才能放心使用。她不仅能按质按量完成自己的本职工作，而且能积极主动分担系里的其他工作，从不计较个人得失。

邹梨花不仅热爱工作，同时也积极参加学校、学院组织的各种活动。在同事眼中她还是一名运动健将，在学校组织的运动会中多次获奖；她还代表学院参加学校乒乓球团体赛，取得了好成绩。她曾在“正风铸魂、立德树人”师德师风演讲比赛中获得二等奖。

孝老爱亲，做家庭和睦的润滑剂

在家里，邹梨花不仅要照顾自己的孩子，而且要照顾侄子。侄子父母离异，她就帮他联系芜湖的学校，为他办理芜湖的居住证及入学所有事宜，让他在芜湖安心上学。平日里，邹梨花照顾他的生活起居，周末带他去上兴趣班，去公园散步、放风筝。她最大的心愿就是孩子们健康快乐地成长，能成为对社会有用的人。

她不仅邀请公婆和自己一起生活，而且当爷爷病重的时候，主动提出将爷爷接到身边，一并照顾。同事开玩笑地说：“你家四世同堂啊，幸福！”但是，其中的艰辛也只有她自己清楚。

她依然是她，一朵不怕刮风下雨，不怕困难，笑对生活、傲然绽放的“梨花”！

（涂证）

来源：人民网数字安徽（2018年10月9日）

黄蓉静

不忘园丁初心梦 耕耘一线绽百花

黄蓉静，女，中共党员，1988年5月生，安徽芜湖人，安徽工程大学体育学院团委副书记、专职辅导员，芜湖市青年讲师团讲师，曾获2020年度全国高校思想政治工作“金微课”一等奖、安徽省高校辅导员精彩主题班会大赛一等奖、安徽省高校国家安全教育教学风采展示竞赛二等奖、安徽省高校辅导员职业技能大赛银奖，获2021年度安徽青年五四奖章，被评为全国野战运动冠军赛优秀教练员、安徽省最美高校辅导员、安徽省高校优秀辅导员等。

黄蓉静，女，中共党员。现任安徽工程大学体育学院2018级、2019级和2020级3个年级6个行政班的专职辅导员和学院学生党支部书记、团委副书记。自2015年任职以来，按学校党委和行政总体要求，在学院直接领导和学生处、团委等学校部门的精心指导下，她通过自身努力，开拓创新，学生管理服务连续多年无重大安全事故，每年的新生入学和毕业生离校工作井然有序，学生考研录取率24%以上，毕业生就业率98%以上，建档立卡就业率100%，学生党支部各项工作严格按国家、校、院党委要求贯彻执行落实；在团委副书记岗位上，按照党、团组织的总体要求，紧紧围绕学院中心工作，坚持结合实际、服务大局、服务青年、服务社会的原则，做好基础建设性工作。

心系学生，深入一线，做学生的知心人

担任辅导员以来，她最多的时候同时带整个学院四个年级的学生，每年都在迎接新生、送走毕业生。时间在变，服务对象在变，不变的是她对学生一贯的爱。她在与学生的每次谈话中，认真倾听，从而更好地了解学生的思想特点、发展需求。新冠疫情期间，毕业班的学生返校后，她一直心系学生，每天出入学生寝室，缓解学生的心理压力，和每一位学生促膝长谈，跟他们一起给未来做好规划，做好就业准备。当一位学生被医院确诊为重度抑郁重度焦虑并有轻生想法后，她几乎每天都会陪着该生，比陪伴自己家人的时间还要长。在毕业典礼上，她收到了这名学生长长的信，信中说："亲爱的姐姐，谢谢你陪我度过了人生中最黑暗的日子，你就像一缕阳光照亮温暖了我，你说话总是慢慢的，声音柔柔的，总是能站在我的角度来安慰我，谢谢你一直听我说话，真希望我以后也能成为像你这样给别人带来光的人。"当知道一位大一新生的父亲因病去世的时候，她积极开导他、鼓励他，陪着他重新站起来。在她的不断激励下，这名学生获得国家奖学金、国家励志奖学金，被评为安徽省

优秀毕业生、校十佳大学生，多次代表学校参加国家级比赛并获得了多个冠、亚、季军，同时获得两项国家专利。她还指导他运用自己的舞蹈专业创立了两间舞蹈工作室。“没有你就没有今天的我，如果不是你一直安慰我、鼓励我、指导我，也许我会在父亲去世的打击中一直消沉下去，谢谢你让我体验了不同的人生！”这位同学由衷地说。

她坚信“三人行，必有我师焉”，作为体育表演专业辅导员的她，主动向学生请教，和学生一起上舞蹈专业课、戏剧课，不断和学生一起学习新知识、探索新世界。她不仅和学生打成一片，还在日常生活中积极引导学生树立正确的人生观、价值观。

当学生因话剧表演缺导演而犯难时，她主动请缨，担任话剧导演。她一边认真学习话剧理论知识，一边编写剧本台词，近两个月每天晚上带着学生一起排练。2017年12月，时值南京大屠杀80周年，她导演的大型爱国主义舞剧《金陵十三钗》如期展演，获得师生一致好评。她用话剧思政提升青年大学生爱国主义思想，勿忘国耻、缅怀先烈，让高校思政和舞剧相结合，让每一个学生都走上舞台，让每一个青春都出彩。2018年她推出大型公益儿童绘本剧，专门面向芜湖市孤独症儿童和空巢老人演出，让“星星的孩子”也像普通的孩子一样感受到快乐，让空巢老人不再孤单，被《今日芜湖》和芜湖电视台《第一看点》栏目相继报道。她还把学生的志愿服务和专业相结合，通过公益活动和志愿服务传达爱。这些话剧、舞剧既是思想政治教育改革创新的缩影，也是提高学校人才培养质量的举措。

当学生参加暑期“三下乡”社会实践活动时，她是陪着学生走向基层，再累都笑呵呵的那个人；当学生参加全国大学生体育舞蹈锦标赛并获得了多个奖项时，她是在台下呐喊到热泪盈眶的人；当学生生病急需做手术，学生家长不能及时赶到时，她是守候一夜熬红眼的人；她还是每年毕业生学位授予仪式上被学生抱着哭得最厉害的人……她深知让她快乐和流泪的是对学生的责任和爱。

以身作则，与学生同行，做学生的引路人

“行之以躬，不言而信”，她知道最直接的教育莫过于以自身的言行影响学生。她不但自己努力好学，积极参加各项活动和比赛，获得全国野战运动冠军赛优秀教练员称号，还带领学生一起，在第六届全国野战运动冠军赛中分别获得团体和个人季军，并接受中央电视台采访。

她基于学生特点，不断创新工作载体。为了对学生进行爱国主义教育，军校毕业的她主动承担起高校大学生必修课“军事理论教育”的教学任务。她还考取国家级野战运动裁判员证书，给大学生讲述国防理论知识，带领军训新生在营地练习电子射击打靶，并将主题班会从室内搬到了户外营地。她以“国无防不立，民无兵不安——不忘初心，参军报国”主题班会参加安徽省高校辅导员精彩主题班会大赛并获得一等奖，以国防安全教育为主题教学参加安徽省国家安全教育教学风采展示竞赛并获得二等奖。这种让学生亲身体验，通过沉浸式的实战体验增加兴趣的教学方式，不仅提高了大学生的身体素质，更帮助他们用正确的方式理解大学生国防素质教育的基础性作用，增强了爱国意识，培养了集体主义观念，强化了组织纪律性，促进了综合素质的提高。

她开展中国传统文化育人教育，让非物质文化遗产——凤阳花鼓走进校园，多次去安徽省凤阳县跟着国家级、省级非遗传承人学习凤阳花鼓，学成后教给学生，为建设校园非遗基地做好基础筹备工作。此外，她还担任指导老师，带领学生将凤阳花鼓以舞剧的展现形式参加全国大学生艺术展演活动，用实际行动向大学生推广中华优秀传统文化，提升他们的民族自豪感。

在新冠疫情防控的关键时期，她利用网络平台组织学生党员充分发挥战斗堡垒作用和先锋模范作用，从五个模块展开各项工作，务实高效地做好疫情防控各项工作。在她的带领下，学生党员在“学习强国”App上每日打卡学习，紧跟党中央步伐，深入学习习近平总书记重要思想。她还通过网络直播向学生介绍国家级非物质文化遗产——安徽凤阳

花鼓，并亲自教学，弘扬中华优秀传统文化，鼓励大家利用延长假期的时间，学做更加有意义的事情。她所带的学生积极响应党和国家的号召，有10余位学生加入了志愿者团队。他们积极参与志愿活动，发挥着先锋模范作用，用行动来表达初心和践行责任，他们中有的还被评为抗疫“最美志愿者”。在疫情的攻坚期，她将线上健身活动作为特色党日活动，让学生运用专业知识和专业能力向家人普及健身知识，在互动中促进亲情升温，同时教会家人提升自身免疫力的方法。她不仅利用所学知识强身健体，还通过网络平台推出多个适合“宅”在家里时锻炼的作品。如学院团委微信公众号专门推出了“在家锻炼之身体素质”系列推文，该系列推文共4篇，男生篇和女生篇各2篇，通过动图对动作要领进行分解，阅读转载量近万人次。她带头跟学院艺术团的学生一起学习并录制了防疫手势舞《平凡天使》宣传视频，向在一线抗疫的工作人员致敬，积极传播正能量。她还以班委群、班级群、专业群为单位，利用腾讯会议、钉钉、腾讯课堂等网络平台开展不一样的思政课，不一样的主题班会，达到思政大课反响强、主题班会全覆盖的效果，并展开线上学习研讨活动，共同感受战“疫”力量。

躬身育人，繁花似锦，做学生的点灯人

近年来，她所带的学生党支部被评为先进基层党组织，她所带的班级多次获得军训先进排、先进班级、标兵班级等荣誉。她所带的学生中，有的响应国家支援西部的号召，志愿走向西部基层；有的光荣应征入伍；有的在疫情期间义无反顾地成为志愿者，坚守在各自的岗位上；有的代表学校参加全国大学生体育舞蹈和健美操锦标赛并获奖；有的获得全国野战运动冠军赛季军并接受中央电视台采访；有的获得全省十佳大学生荣誉称号。她带领学生团体在省、市、校等多项活动中多次进行志愿服务和表演，志愿服务活动每年200次以上，完成表演任务80场以上，产生了较大的社会影响。在庆祝新中国成立70周年系列活动中，她带着600名团员青年绘制300平方巨画献礼新中国70周年华诞。在抗洪救灾中，她率领体育表演专业的学生用艺术文化给奋战在一线的抗洪官兵送

去“文化温暖”。她相信，她和这些学生就像火种，会照亮和带动更多的青年，把青春和奋斗融入时代主题！

（查桂义）

来源：安徽工程大学校园网（2021年1月26日）

学生篇

他们是志愿服务的模范，他们是自强奋斗的标兵，他们是创新创业的勇者，他们是体育锻炼的达人，他们是校园建设的典范，他们是“正起来”“学起来”“壮起来”“乐起来”“勤起来”“和起来”全面发展的徽程青年，他们是一群在青春的赛道上奋力奔跑的时代新人。

王子璇

我想成为孩子们的“启明星”

王子璇，女，中共党员，安徽工程大学经济与管理学院工商管理专业2016级本科生，曾任班级生活委员、星火义务支教社团支部书记。她热衷于参加志愿服务活动，累计志愿服务时长达350小时。获国家奖学金、安徽合力奖学金、安徽省“互联网+”大学生创新创业大赛“青年红色筑梦之旅”赛道铜奖、全国大学生市场调查与分析大赛省二等奖等，被评为“中国大学生自强之星”、校十佳大学生等。

筑梦 星火微光点燃支教梦想

“我一直喜欢和孩子们相处，因为我喜欢他们的纯真。在‘百团大战’时看到星火义务支教社正在招新，我就直接报名了。”当谈及支教的初衷时，王子璇说，正是这把星星之火点燃了她的支教梦想。

大一期间，她坚持每周六上午前往荷塘社区支教，风雨无阻。每次下课后，她并没有急着回去，而是认真辅导作业，主动与孩子们聊天。慢慢地，孩子们不仅称呼她老师，更把她当作亲切的“大朋友”。大二时，王子璇主动挑起了担子，成为荷塘社区支教队的队长。这期间，她为了丰富孩子们的课外生活，积极组织多种活动：与孩子们一起擦洗共享单车，体验劳动的快乐；与化学科技协会、电子科技协会合作，把趣味科学知识带进课堂，让神奇和奥秘走进孩子们的世界；开展母亲节、重阳节主题活动，培养孩子们敬老孝亲的品德；为孩子们讲解爱国爱家故事，共庆祖国七十华诞……开放的课堂不光让孩子们领略到了知识的魅力，更是带给他们道德和品格上的启迪。

追梦 三尺讲台抒写无悔青春

“我最喜欢的诗句是‘春蚕到死丝方尽，蜡炬成灰泪始干’，我最钦佩的英雄是雷锋，我想像雷锋同志那样，将有限的生命，投入到无限的为人民服务当中去。”正是因为秉承着奉献与服务的信念，在大二暑期，她组建了团队前往学校定点帮扶单位——宿州鸭湖村开展支教活动。

18天的支教时光，有苦也有甜。鸭湖村的支教活动，一切都得从零开始。与村委会、校长、学校老师对接，安排住宿、吃饭、课程，写策划书、做PPT……好不容易准备工作就绪，可在真正开始支教时，小朋友们的调皮与捣蛋无疑又给王子璇和她的队友们带来了烦恼。团队安排了舞蹈、乐器、手工、绘画等活动，丰富了孩子们的课余生活，也拉近了他们与孩子们之间的距离。通过举办作品展与汇报表演，这些孩子一改往日的羞涩，在家长和老师面前展现了另外一面。在支教的最后几天，团队成员分头进行了家访，家长们向他们表达了深深的感谢。通过家访，王子璇更进一步地了解到农村家庭及教育资源现状，她更加坚定了要在农村开展支教的决心。她表示，这18天的支教生活是大学时光中最美丽的一段时光，如果后面有机会支教她还会第一时间报名。

最终，此次支教活动圆满结束，王子璇及其团队获得了安徽省“互联网+”大学生创新创业大赛“青年红色筑梦之旅”赛道铜奖、暑期“三下乡”社会实践活动校特等奖。

续梦　“百天支教”改变人生轨迹

“老师，你们能不能别走，再待100天。”这是支教过程中一个孩子对她说的话。孩子们的不舍，让她坚定了支教的决心。“在我们看来100天或许很短暂，但在孩子们的心里，100是最大的数，是永远。所以无论遇到什么困难，我们一定要坚持，坚持才会给孩子们带来更多的帮助。”

支教村落里狭小拥挤且设备落后的教室、寥寥无几且年龄较大的教师、忙于生计无法顾及孩子教育的家长，这些情景她看在眼里，疼在心里。如何才能给孩子们更多的帮助？这是王子璇一直在思索的问题。眼前的支教是远远不够的，她还需要让自己更加优秀，唯有自己的能量够大时，才能发出更多的光和热。

带着这份责任，她倍加珍惜大学时光。在学习上，王子璇给自己制定了一个又一个“小计划”，使用“重叠法”利用零碎时间学习，课前课后，无一懈怠；在工作上，王子璇主动担任班级生活委员和社团团支部书记，细心记好每一笔班级开支，认真对待每一次社团活动，“勤”是她留给同学们最深的印象。为了毕业后仍能参与长时间的支教活动，她于大三自学并报考教师资格证，大四时她更是选择了跨专业考研，报考了师范类专业，为之后从事教师职业做准备。

未来，王子璇想成为孩子们的“启明星”，成为一名教师，陪伴更多孩子一个又一个“100天”，让越来越多的孩子知道，原来光，是这样指引人生的。

黄 菊

在最好的年纪里向善向上

黄菊，女，中共党员，安徽工程大学电气工程学院2016级本科生。先后担任电气工程及其自动化专业163班组织委员、学习委员、团支部书记，校学生会文艺部部长。大学期间，先后获得军训先进个人、“三好”学生标兵、党课优秀学员、优秀团干、优秀班干、优秀学生干部等荣誉。

热爱工作　服务社会

自担任校学生会文艺部部长以及班级团支部书记等职务以来，黄菊的手机信息就没有停过。每次活动开始前，她总是伏在案前修改各种文件，反复确认活动细节，有时甚至工作到凌晨一两点。但她却丝毫没有抱怨，她说："这是我应当承担的责任与义务。无论在什么岗位上，都应该做好自己应该做的事。"她认真负责，严于律己，被评为优秀学生干部。

每年暑假，黄菊都用心参与社会实践，同时热衷于参加各种志愿服务活动，如支教、暑期"三下乡"社会实践活动等。辛勤付出的同时，她也取得了不错的成绩：在赭山社区义务支教期间，经评比荣获优秀教师称号；在第四届青年志愿服务项目大赛中获省二等奖；2018年在全省大中专学生志愿者暑期"三下乡"社会实践活动调研报告评比中获得三等奖。

她说："面临挑战，永不放弃才是最终也是必然的选择。"这些看似烦琐的工作，实则是锻炼综合能力的好机会。

勤奋刻苦　涉猎广泛

繁忙的学生干部工作并没有阻碍她的专业学习。她坚信"时间是挤出来的"，充分利用零碎时间，认真学好本专业的知识，并广泛涉猎其他学科。她以身作则，工作、学习两不误，在多次考试中位居专业第一，获得国家励志奖学金、合力奖学金和校特等奖学金。此外，她还充分利用自身专业知识，积极参加"创青春·中国联通"安徽省大学生创业大赛和"中国电机工程学会杯"全国大学生电工数学建模竞赛等专业赛事，并获得了较好名次。

乐观上进　积极进取

想做好团组织工作，首先思想必须端正。黄菊通过参加校“青马工程”培训班、院党课等不断提高自身的政治修养，先后被评选为优秀团干、优秀学生干部、优秀学员，并顺利成为一名党员。她决心要时刻以党员的标准严格要求自己，发挥带头作用，帮助身边同学，不断提升自我。2018年，她被评为校“学习宣传贯彻党的十九大精神”学生先进个人。

黄菊身上展现出一名大学生良好的道德品质，一种学习报国的思想态度，一种身体力行的工作作风，一种对志愿服务的由衷热爱，体现了当代大学生的良好素养。作为一名学生干部、一名社会实践者，在她心中，除了责任，更多的是热爱与情怀。她是一名典型的“工科女”，同样也是一名正沐浴在阳光里、怀揣着服务情怀的有志青年。

郭旭东

忙着做"小事"的人

郭旭东，男，中共党员，安徽工程大学机械与汽车工程学院材料成型及控制工程专业2016级本科生。曾任学校第二届学生委员会委员、机械与汽车工程学院学生会主席、材料162班班长。获校新生才艺大赛一等奖，被评为军训先进个人、校"学习宣传贯彻党的十九大精神"学生先进个人、校优秀学生干部、学生干部标兵、社会活动标兵等。

擅于做班级“小事”的班长

刚入大学，他就用自己饱满的热情、坚定的信念、强烈的责任心和优秀的组织能力获得了全班的支持，竞选上了班长。在第一次开展的班会上他这么说：“这是我第一次做大学的班长，我可能会犯错，请大家体谅，但我一定会和你们一起进步，我们这个班级也会一起进步。”班级里的事情，事无大小，他全都以身作则。他积极带领并鼓励班级同学参与校、院、系各项文体、科技、学术类活动，班级同学在大一所有院系比赛中都取得优秀名次，他所在的班级连续两年被评为先进班级。他还有个随身携带的小便利本，有时他会化身心理委员，在上面记录和每一个同学的聊天、谈话，了解同学们的想法，时刻关注同学们的动向，以便更好地去帮助他们。“班长”这个称呼好像变成了郭旭东的“小名”，同学们也都是这样叫他，但郭旭东觉得很高兴，因为这正是对他班长工作的认可，也是对他的认可。

大学中难免遇到心烦意乱的事情，但凡班上的同学有什么困难，第一时间想到的肯定就是他，因为大家都知道郭旭东总是愿意在关键时刻伸出援手。其实，对于老师们来说他也是得力的助手，他乐于和老师沟通交流，积极主动地解决班内事务，传递班内动向，就连办公室的老师们也常会打趣道“郭旭东又来了呀”。

喜欢帮同学们做小事的“主席”

大一时，他是院学生会文艺部的干事，积极帮助别人，努力提升自己，也不负众望获得了新生才艺大赛一等奖和大家的认可。后来，他成为学生会的文艺表演指导，尽力指导学弟学妹，在他的帮助下，机械与汽车工程学院新生连续三年蝉联新生才艺大赛一等奖，他也获得了学弟学妹们的赞扬和敬佩。

到大三了，本准备放弃竞选专注学业的他还是因为责任留在了院学生会，而且经一致推选成为学生会主席。任职期间，他带领主席团深化改革学生会相关工作制度，提升院学生会在同学们心中的好感，树立优秀形象，并在考研期间为学院考研学子们送去温暖，推出机械与汽车工程学院特色的考研系列活动——“感械沿途”，带领学生会为同学们做实事、做被同学们认可的事情。他为学院建设和学生会管理出力良多，却从不夸耀，在他看来这些都是小事情，都是身为学生会主席应该做的事情。

努力做好自己的“小事”

从进入大学起，郭旭东一直把学习放在首位，他清醒地认识到学生干部应该先是学生，再是干部，他深刻懂得大学学习必须具有自主性，积极投入到各门基础课和专业课的学习中，综合测评成绩一直在本专业名列前茅。在生活方面，郭旭东性格开朗，朴素节俭，严于律己，宽以待人。作为一名“三好”学生，他杜绝一切不良的生活作风，主动关心同学，帮助同学解决问题。他平时善于和同学沟通，也乐于帮助同学，处处为同学着想，在各方面起到了模范带头作用，在生活中建立了很好的人际关系，获得了大家的尊重和支持。

今后，他会一直做小事，让“小事”不再仅仅是“小事”。

谢燕彬

“逆风”中的“海燕”

谢燕彬，女，中共党员，安徽工程大学纺织服装学院服装设计与工程专业2016级本科生，曾任班级心理委员、新生学长导员。连续3年被评为优秀共青团员，荣获国家奖学金、校特等奖学金，获得省级大学生创新创业训练计划项目立项，校“互联网+”大学生创新创业大赛二等奖等多个奖项。

学习之行　逆风也飞翔

看着谢燕彬平均分90分以上的成绩单，谁也不曾想到大一的她却挂科了。“挂科不是我的本意，但它既然发生了，就是我生命中的一部分，我不会去逃避它，而是去正视它。”这是谢燕彬在接受采访时说的一句话。

初入大学的她，急于为家庭分担经济压力，大部分时间都忙于兼职，最终导致高数挂科，这成了她大学里为数不多的遗憾之一。挂科并没有使谢燕彬意志消沉，反而在她的心里埋下了改写大学生活来证明自己的种子。为了修补大一学年的“破罐子”，她立足当下，调整方向，把学习作为自己的第一要务。在日常学习中，她严格要求自己，不仅课上认真听讲，课下也是争分夺秒，除去吃饭睡觉上课，其余时间她基本上在图书馆里度过。谢燕彬充分利用图书馆资源，拓宽知识面，为自己打下了扎实、系统的知识基础，也为后来拿到众多奖项奠定了坚实的基础。

功夫不负有心人，大三时，谢燕彬以91.65分的专业学习成绩和86.28分的综合测评成绩位居专业第一名，是班级唯一一个平均分90分以上、同时拿到国家奖学金和校特等奖学金的人。对于自己取得的好成绩，她激动地说：“我就像是暴风雨中的海燕，在逆风里把握方向，即使身处劣势，我也会一往直前，争取逆风飞翔。”

志愿之途　你我共成长

作为一个许多事情想做又不敢去做的人，她却在开学伊始就选择加入院志愿者团队，这正是一颗“爱的种子”萌生的力量。谢燕彬克服自己的自卑与胆怯，出色地完成了每一次志愿活动，在敬老院给老人表演节目、在图书馆整理书籍、报名做光盘行动的志愿者……

志愿服务还促成了她与校运动会的一段“美妙缘分”。“入学不久，秋季运动会就要举办了，学校要选拔志愿者。因为我喜欢田径比赛就去报名了，当得知被选为田径裁判，我激动得一夜无眠。”谈及这些，她的声音透露着掩饰不住的高兴与喜悦。那身裁判服，她一穿就是三年；那块秒表，她一拿就是三届。

作为一名党员，谢燕彬经常利用假期时间一个人去参加各种各样的公益活动。作为志愿团队的一员，她也经常在团队的带领下，和一群志同道合的小伙伴一起去做志愿活动。在每一次志愿活动中，她给别人带去温暖，也让自己逐步成长。正如她自己所说：“与其说是我帮助了他们，还不如说是他们让我更加明白了爱的力量，是他们让我变得更加活泼开朗。”

真诚之心　志远行万里

作为班级心理委员和新生学长导员，性格内敛的谢燕彬人缘却不错，这得益于她有一颗“赤子之心”，不论是对待班级同学还是学弟学妹，她始终抱着一颗真诚的心与大家相处。

在班级里，她细心关注同学们的情绪波动，主动沟通，为焦虑的同学排忧解难。在学弟学妹们面前，她用自己的亲身经历来激励他们努力学习，并耐心与他们交流，帮助他们尽快地适应大学生活。

谢燕彬不仅自己为人真诚，还将这一优良品质传递给了身边的人。在担任大一新生助教期间，她将“对人真诚，做事真诚”的口诀传授给了学弟学妹们。在采访中她说道：“新生一入学就有《学生手册》的考试，我当时就对他们说，可以不及格，但是千万不要作弊。在第一次《学生手册》考试中，没有一个人作弊，而且大家还都考得很不错，那个时候我高兴得都要飞起来了，内心特别自豪。”

真诚在心，可行万里之路。对于未来人生的道路，谢燕彬有着她自己的规划，她相信凭借不懈的努力，能够成就最好的自己。即使在漆黑的夜色中，月光也会洒满大地，她愿做这夜色里的“拾光”者，去照亮人生旅途前行的路。

戴雨涵

奔赴诗与远方　静待春暖花开

戴雨涵，女，中共党员，安徽工程大学建筑工程学院建筑学专业2016级本科生。曾任班级团支部书记，曾获国家励志奖学金、校特等奖学金、校一等奖学金，获评校优秀学生干部、“三好”学生标兵等。

一步一印 久久为功

梦想不会从天而降，幸福不会随随便便成真，从步入大学开始，她就珍惜每一次课上的机会，坚持课前了解内容、上课认真听讲与提问、课后认真调研的学习方法。同学们经常在图书馆看到她的身影。从公共选修课到专业必修课，从实验研究课到专业实习课，她始终保持着高度的热情，不放过每一个疑点和难点，虚心求教，刻苦钻研。她始终坚持严谨认真的学习态度，全力以赴完成每项学习任务，并最终取得理想的成果。

在学习专业课之余，她还积极参与校级、省级和国家级的各类学科竞赛活动。她始终坚信："现在走过的路，学习的知识都是积累。如果你现在生活得有点累，学习得有点苦，证明你在挖掘自己，而不是原地踏步。"在学校举办的建筑模型设计大赛中，她和队友们为了使模型更稳定、空间表达效果更好，一刀一刀地切割材料，一次一次改变墙面材质，不断地努力加工，最终获得了二等奖。第一次参与实地项目调研设计时，她还尚未接触专业的实践知识，经验不足，但她未曾气馁，而是跟着老师们实地调研，摸索场地；与队友们查询一个个文件规范、策划案例；通宵达旦地修改户型，不断修改模型与整体场地……这次的实践让她成长很多，在接下来的同类设计中，凭借这些经验，她熟练圆满地完成了各项任务。

青春掌舵 共同成长

大学生活从来都不是一个人独处，有敬爱的老师指引，也有亲爱的同学相伴。她认为和朋友一起奋斗很重要，当课业、比赛、实验扎堆时，她与朋友一起分享进度、互相鼓励，最终成功地完成了一个个任务。

她十分珍惜与班级同学的情谊，四号教学楼的专业教室里有着许多她难忘的记忆。她们班级人数不多，只有二十几个人，大学四年中会经常一起外出调研，组队做作业，还会一起过各种节日，一起分享贺卡、互相祝福。她觉得，即使是很久以后，即便物是人非，这些美好的记忆将永远留存在她的心中。

以梦为引　热爱漫长

人生的路很长，不断向前的路上难免会迷失方向，她认为一定要回归初心，要经常回头，不是为了看自己得到了什么，而是为了更加确定自己缺乏什么、需要什么，从而走得更坚定、更远。她现在依然会时不时翻出以前写给自己的信，零星的日记和一些阅读杂记，当看到一些任务被遗漏时，她就会立即行动、重新着手完成。回顾过去，感慨万分，她认为丰富自身对人生来说是很重要的事情。

前进需要动力，不断前进就更需要持续的动力。她之所以能够保持动力，就是因为有坚定的理想。理想之所以为理想，就是因为无论你什么时候抬头，它都会闪闪发光。她认为只有保持一颗热爱的心，才能不断发现生活中的小美好，才能在磨难中看到希望。

她将大学作为人生的重要阶段，不断践行要追寻的目标，在老师和同学们的帮助下不断调整方向，在知识和阅历的扩展中不断坚定信心。她也将大学作为崭新的起点，将众多小小梦想汇聚成巨大的力量，以梦想为引领，激励自己奋勇向前，始终保持热爱和坚定。

刘小佳

博学笃志　切问近思

刘小佳，男，中共党员，安徽工程大学机械与汽车工程学院机械设计制造及其自动化专业2017级本科生。曾获国家奖学金、国家励志奖学金、校特等奖学金、校一等奖学金，美国（国际）大学生数学建模竞赛（MCM/ICM）二等奖，以第一作者身份发表《基于象限判别下的改进A*算法路径规划》论文，荣获全国三维数字化创新设计大赛二等奖、第七届数学中国数学建模国际赛一等奖、首届安徽省大学生工业机器人应用大赛三等奖，被授予校“三好”学生标兵、“三好”学生等荣誉称号。

“每一个不堪的现在，都有一个过去不够努力的自己。”只有自己认真走过，才不会留下遗憾和懊悔，及时当勉励，岁月不待人。蓦然回首，我们应当珍惜眼下，砥砺前行！

反躬自省　力学笃行

刚刚迈入大学时，他便明白，作为一名学生，自己的第一要务始终是学习。无论是课堂上，还是晚自习，他都主动坐在教室的前排，认真学习各门课程。每次下课时间，他都会虚心地向老师请教学习上的问题。功夫不负有心人，大学二年级结束时，他取得平均分91.86分的好成绩，位列机械设计制造及其自动化专业第一名。大三学年，他继续砥砺前行，专业学习成绩和综合测评成绩均位居第一。他更是连续三年获得了奖学金。

坚持不懈　学以致用

大学就是自我塑造、自我完善的过程。努力提高自己的能力和素质，将来才能满怀信心地走出校园。他深知书本上学到的知识远远不够，实践和创新能力是大学生必备的素养。进入大学以来，他加入了数学建模协会，满怀着希望与憧憬，积极参加协会培训，与团队成员共同努力进步。科技竞赛异常艰辛，充满了泪水与汗水，在拼搏的主旋律下，熬夜成了“家常便饭”，面对晦涩难懂的专业术语和深奥的理论证明，每当想要放弃时，他就会看看身旁的队友。他告诉自己，做人最重要的就是负责，一定要坚持到底。比赛难免会有受挫的时候，但他从不气馁，抱着十足的信心和负责的态度，认真完成每一次比赛。经过不断努力，他以第一作者身份发表《基于象限判别下的改进 A* 算法路径规划》论文，获得美国（国际）大学生数学建模竞赛（MCM/ICM）二等奖、第七届数学中国数学建模国际赛一等奖、首届安徽省大学生工业机器人应用大赛三等奖、第八届“挑战杯”全国大学生课外学术科技作品竞赛三等奖、第十五届芜湖高校数学建模联赛一等奖等奖项。

服务他人　奉献力量

2020年寒假，突然暴发的新冠疫情对全国人民的生命财产和身体健康造成了巨大威胁。在这种时刻，作为一名中共党员，更是要“站得出来”，他主动报名，成为村党支部疫情信息收集工作志愿者，协助完成疫情防控的宣传和村民信息采集工作，和另一名安徽工程大学的学弟，在做好自身防护的前提下，走街串巷，顺利完成村支书布置的多项任务。

长路漫漫，人生几何？他坚信，有梦就去追，有目标就去努力。在大学的宝贵四年时光里，他努力拼搏奋斗，让青春无悔，创造属于自己的美好明天！

徐媛媛

既然选择了远方　便只顾风雨兼程

徐媛媛，女，中共党员，安徽工程大学纺织服装学院纺织工程专业2017级本科生。曾任纺织学生党支部宣传委员、班级团支部书记兼心理委员。曾获全国大学生英语竞赛二等奖、国家励志奖学金、校“团百花”学雷锋志愿服务行动项目银奖、“互联网+”大学生创新创业大赛二等奖等，获批国家级大学生创新创业训练计划项目。

矢志不渝　积极向上

纪伯伦说过：“信仰不是一种学问，而达到他所选定的目标，乃是宇宙的真理，决不能动摇我们的信仰。”大学正是形成正确世界观、人生观和价值观，提高个人修养的关键时期。刚步入大一，她就积极向党组织靠拢。她不断学习党的创新理论，认真了解入党流程和党章党规，坚持以党员的标准严格要求自己的言行举止，坚持每天关注时政和新闻，关注党内大事，不断提高个人政治觉悟，最终通过了党组织的考察，成为一名中国共产党正式党员。入党后，她积极参加组织生活会和民主评议党员活动，曾担任纺织服装学院第34期入党积极分子培训班助理，也曾在党支部志愿活动中作为优秀学生代表给学弟学妹们分享经验。日常生活中，她主动帮助同学、尊敬师长，充分发挥了党员的先锋模范作用。

日拱一卒　脚踏实地

作为一名大学生，她始终坚定地认为“知识改变命运，学习成就未来”，时刻以“尚德敏学　唯实惟新”的校训激励自己，按时完成各科学业，坚持不懈，努力学习。在专业知识学习方面，她上课认真听讲，课后积极复习，不仅仅满足于掌握课本知识，更注重拓宽专业视野，善于利用互联网等平台深入了解专业前沿知识和研究领域，在专业课老师的指导下参加省级、国家级比赛，在实践中检验自己的专业水平。在个人能力培养方面，出于对英语的热爱，她会每天背单词和学口语，并于大一学年顺利通过英语四、六级考试，于大三下学期获得全国大学生英语竞赛二等奖。

尽职尽责　团结协作

俗话说得好，“在其位，谋其职，负其责，尽其事”。作为一名有担当意识的青年学子，她在大学期间参加过许多社团组织，也担任过不少职位。大一成为院学生会体育部成员兼任班级心理委员，在工作中她认真负责，自觉承担学生会和班级的相关事务。在这期间，她认识到保持身心健康的重要性，也了解到篮球、排球等竞技类比赛的基本规则和实施心理健康教育的基本流程。大三时，她成为班级的团支部书记和纺织学生党支部的宣传委员。任职期间，她不仅服务了同学和老师，自己也收获颇多，深刻领悟到团队精神的重要性，对党组织以及入党流程也有了更深刻和全面的了解。

求真务实　开拓创新

“不能做思想的巨人，行动的矮子。”当代大学生要做到知行合一、脚踏实地，坚持用实践检验所学。大学里，她还参加了各种各样的课外实践活动。她主动组织班级的团日活动，如“绿色曼陀罗慰问疫情受灾民众”、“抗洪救灾急抢险，青年学子在路上”、暑期“三下乡”社会实践等活动。她还积极参加知识竞赛、辩论赛、运动会等文体竞赛，踊跃报名参加省级、国家级“互联网+”大学生创新创业大赛。丰富多彩的活动经历让她开阔了视野，坚定了前进目标，也促使她更加注重提升自己的社会实践素养，提高动手操作与沟通交往能力。

张庆达

无奋斗 不青春

张庆达，男，中共党员，安徽工程大学材料科学与工程学院材料成型及控制工程专业2017级本科生，曾任材料171班班长和2019级新生学长导员。曾获得国家奖学金、国家励志奖学金、校特等奖学金、校一等奖学金，多次被评选为校“三好”学生、优秀学生干部、优秀共青团干部，在校期间以第二作者身份发表SCI论文一篇。

如果人生是一个绚丽的舞台，那么他愿意用奋斗之歌唱响大学之旅。怀揣着往事不可追的决绝，他励志艰苦奋斗、勤勉学习、刻苦钻研，始终铭记“尚德敏学　唯实惟新”的校训，在拼搏奋斗中不断取得进步。

求真务实　厚积薄发

数十年寒窗咬牙前行，一朝功成旋即开拓新章。入大学之初，一切就像青春偶像剧里那样美好，骑着单车在美丽的大学里畅游，和心爱的伴侣携手漫步在夕阳之下，和室友一起熬夜打游戏……这一切都让他沉浸在蜜糖般的生活中，但他发现自己渐渐迷失在了这自由之中。当看到头发斑白的父母为了给他提供更好的生活而辛苦劳作时，他一遍遍地问自己：现在的我对得起自己当初的梦想吗？对得起对自己寄予厚望的父母吗？经过激烈的思想斗争，他决定重拾最初的梦想，吹响奋斗的号角。

他深知，在人生的道路上，没有拼搏，就没有辉煌的成果。当室友还酣睡时，他在图书馆广场前朗朗而诵；当朋友出门游玩时，他在自习室里埋头苦读；当周围同学在讨论休闲娱乐时，他在实验室和老师讨论着科研方案。在课余时间，他积极参加大学生创新创业训练计划项目，并斩获多个奖项。回首大学生活，他不断开拓进取，连续三年成绩均位列专业前茅，用实际行动丰富了多彩的大学生活，书写了无悔篇章。

立责于心　甘愿奉献

一滴水只有融入大海才不会干涸，中国共产党员只有在生活中密切联系群众才能永葆生命力，为同学服务是他大学期间履职尽责，实现人生价值的着力点。

从入学起，他就担任班长，通过开展形式多样的集体活动，使班级同学快速融入了班集体。大一、大二期间，他积极组织班级参与新生大合唱、拔河比赛、先进团支部风采大赛等活动，通过集体比赛，他充分认识到了“众人拾柴火焰高”的真正内涵：只要班级同学齐心协力，拧成一股绳，劲往一处使，任何困难都可以克服。

大三学年，他成功应聘为新生学长导员，尽心尽力地解决新生在学习与生活上的难题，他主动策划组织团体趣味活动，帮助新生提升集体荣誉感和归属感，与此同时，他也收获了受益终身的宝贵经验。人生的价值在于奉献，只有在奉献的过程中，才能实现自我价值的升华，作为一名中国共产党员，他始终牢记，在不断完善自我的同时，也要积极服务他人。

勇于创新　奋斗不止

大一上学期的一次专业实践课，触发了他对科研浓厚的兴趣，这粒种子自萌芽，便如雨后春笋般猛长。他第一时间联系导师，提前进入了专业课学习阶段。大一寒假，他本着“探赜索隐，极深研几”的科研精神认真读书，通过查阅资料、做笔记，作出了300多页的专业课报告。大二学年，他走进实验室，从洗烧杯、磨试样，到协助学长做实验，再到自己独立操作，这个进步的过程令他内心雀跃不已。为了心中的科研梦，在大二暑假他毅然决然地申请留校，夏日炎炎，实验室里更是酷热难耐，但是这丝毫不能阻挡他对科研的那份执着与热爱。

苦心人，天不负，他以第二作者的身份在核心期刊上成功发表论文一篇，取得专利一项，获得校级科研项目立项一个。他说这只是他投身科研奋斗的起点，他将把每一次的成功看作前进的动力，不断对自己提出更高的要求，朝着梦想砥砺奋进。

有一种求知若渴的执着，那是专业学习的高贵品质；有一种让人热泪盈眶的感动，那是无私奉献后的幸福；有一种永不言弃、敢于直面困难的坚持，那是刻苦钻研中的睿智。在今后的工作、学习和生活中，他将从容淡定，不惧前路漫漫，继续用奋斗书写精彩人生！

黄　安

看见彩虹后　依旧经风雨

黄安，男，中共党员，安徽工程大学机械与汽车工程学院车辆工程专业2017级本科生。曾任2019级车辆工程专业新生学长导员。曾获国家励志奖学金、校一等奖学金、第十二届全国三维数字化创新设计大赛安徽赛区一等奖、2019中国汽车工程学会巴哈大赛优秀奖、第八届芜湖大学生专利创新创业大赛二等奖等。

一分耕耘　一分收获

刚入大学的他，身上还有一丝稚气，和其他新生一样满怀着期待来到大学校园。但很快，大学课程的难度，尤其是高数，使他陷入了低迷的负面情绪中，一度怀疑自己是不是靠运气考上了安徽工程大学。经过一段时间的调整，再加上与辅导员和学长导员的沟通，他慢慢找到了适合自己的学习方式，同时也找准了自己在大学时期的目标，给大学四年制定出了一份规划。从此，他开始了有规律的作息，也养成了坚持去图书馆学习的习惯。“学总比不学强，多学总比少学强”，每当学习有所懈怠的时候，他就会用这句话鞭策自己要沉下心来深入学习，提升自己。天道酬勤，大学期间他的专业学习成绩一直稳定在专业前五，综合测评成绩也一直位于班级前两名。此外，他还积极参加了校内外学科竞赛，曾荣获第十二届全国三维数字化创新设计大赛安徽赛区一等奖、第八届芜湖大学生专利创新创业大赛二等奖等奖项。在参赛的过程中，他体验过失败，感受过孤独，但也学会了如何克服困难，收获了成长。他认为，积极参加比赛的意义更在于自我的成长，因为任何一个比赛都不是简单的，不仅是对个人技能的检验，更是对个人耐力和毅力的挑战。

投身公益　积极支教

高中时，他就积极参加志愿服务活动，并暗自决定以后坚持参与公益服务活动。进入大学后，他申请加入机械与汽车工程学院大学生志愿服务团队，并很幸运地成为其中的一员。在此期间，他曾去火龙岗小学为留守儿童上实验课，去养老院送温暖，还和镜湖区志愿者到社区走访。大二期间，他加入了星火义务支教社，给孩子们辅导功课。虽然每周六早上七点就要搭公交车前往支教地点，但每每坐上公交车他都很开心，因为他知道再过一刻钟，他又会见到那群灵动活泼的孩子们。功夫不负有心人，他所带的两个学生，成绩突飞猛进，在班里进步了二十多名，他也因此被授予优秀志愿者的荣誉称号。除此之外，每周他都会去芜湖市博物馆提供志愿服务。正如习近平总书记所说，雷锋精神，人人可学；奉献爱心，处处可为。积小善为大善，善莫大焉。志愿服务需要的是一种信念和坚持，他将一直坚守下去。

未来可期　砥砺前行

大二学年，他希望自己也可以像刚来大学时见到的学长导员一样，为新生服务。然而，他没有被选上，但他并没有气馁，知道是自己的能力还有待提高，于是他更加积极进取，不断提高自己的能力，在大三时，他成功地当选学院2019级新生学长导员。在担任新生学长导员的一年里，他忙碌而充实，总是尽他最大的努力去帮助新生更好地适应大学生活，他总是将“永远不要停止前进的脚步”这一信念传递给新生。他所带的车辆工程专业191班在军训中荣获先进排，在新生大合唱比赛中荣获二等奖，并获得先进团支部的荣誉称号。作为一名学生党员，他时刻以党员的标准严格要求自己，怀着赤诚的热血和坚定的信念，以身作则，脚踏实地，努力促进自身德智体美劳全面发展。在见到彩虹的路上风雨始终伴随，但在前进的道路上他不会停止，他更享受在每个阶段逐梦的过程。未来，他会一直坚定自己的信念，砥砺前行。

陈佳欣

立鸿鹄之志 怀赤子之心

陈佳欣，女，中共党员，安徽工程大学人工智能学院机器人工程专业2017级本科生，曾任机器人工程专业173班团支部书记。曾获得国家励志奖学金、安徽合力奖学金、校一等奖学金，先后荣获校社会活动标兵和学生干部标兵等荣誉称号。

陈佳欣出生于普通农村家庭，家境贫寒，刚进入大学面对纷繁复杂的活动、社团以及学业任务时，她感到慌乱与自卑。慢慢地，她从身边小事做起，从每门课程的一个个知识点开始学起。陈佳欣认识到，大学其实是一个大舞台，你可以尽情地展示自己，只要你敢于尝试，那么总有聚光灯会向你打来。

自律自觉　认真勤奋

大一伊始，她并没有因为大学宽松的学习环境而放纵自己。她总是自觉地坐在教室的前排，在课堂上，她认真听讲、努力学习，她的高数、物理等课程笔记先后被评为校优秀笔记并展览于学校图书馆。在学习过程中，她时刻发挥党员的先锋模范作用，带领班级同学共同学习进步。得益于自律自觉，陈佳欣连续三年均以优异的成绩名列专业前茅，用实际行动书写了美好的大学学业答卷。认真勤奋是同学们对她的印象，“肯于吃苦、善于钻研”是师长们对她的评价。

公益实践　向阳而生

在日常生活中，陈佳欣始终牢记青春之花要在祖国最需要的地方绽放，她认为参加公益不仅是有意义才要去做，更是做了才有意义，她也一直在践行这一理念，走出校园，组织带动学院同学积极参加多项公益活动和社会实践活动。

陈佳欣加入了安徽工程大学“含笑花”志愿服务队，多次参加助力贫困地区学生的公益活动。2019年7月，她参加校园废旧自行车回收再利用的公益活动，围绕校园废旧自行车开展清理、修理和捐赠活动。她所在团队共向贫困地区捐赠自行车210辆。陈佳欣组织带领人工智能学院机器人工程专业学生党员参与“秋冬季捐衣”活动，共筹集秋冬季衣物1000余件，捐赠到甘肃省会宁县，得到了社会的广泛认可。她还参与由“含笑花”志愿服务队发起的“驰援湖北 · 公益募捐”行动，活动事迹被中青网等网站专题报道。2020年4月，她带动身边同学参与“公益助学N+1”活动，以实际行动帮扶贫困地区学生。

一心向党　追求不止

一个支部就是一座堡垒，一名党员就是一面旗帜。作为一名共产党员，陈佳欣不断锤炼思想，修炼品德，坚决拥护中国共产党的领导，学习党的基本政策，把学习党的创新理论贯穿于学习生活中，用自己的实际行动去感染身边的每一位同学。日常工作中，陈佳欣作为班级团支部书记认真开展班级团学工作，积极组织团日活动，其所在班级先后荣获校先进团支部、先进班集体、“学习宣传贯彻党的十九大精神”学生先进集体等荣誉称号。在生活中，陈佳欣身上充满着青年的激情，面对严峻的新冠疫情，她成为疫情防控党员先锋队的一员，竭尽所能地用科学的理念、理性的思维和温暖的话语宣传普及疫情防控知识，宣讲国家防疫政策，担当起了青年的时代责任，积极发挥党员的模范作用。

潜心研究　学术报国

陈佳欣所学专业是机器人工程专业，通过对专业知识的不断了解和学习，她更加坚定了“科技兴国、学术报国”的理想信念，喜欢并且享受科研过程。在学习之余，她积极参加各类学科竞赛，并取得了优异的成绩。在老师的指导下，经过不断努力，她先后获得安徽省大学生创新创业训练计划项目和多项校级项目立项，荣获首届安徽省大学生工业机器人应用大赛二等奖、“安徽合力杯”校三维数字化创新设计大赛二等奖。2019学年暑期，她积极申请赴美游学，并获得优秀学员称号。

“不驰于空想，不骛于虚声”，从一个朝气蓬勃的学生成长为一名祖国的建设者，她不断书写着激情奋斗的青春、顽强拼搏的青春、志愿奉献的青春，以青春之力，助力实现中国梦！

时欣茹

踏实向前　等待花开

时欣茹，女，中共党员，安徽工程大学设计学院广告学专业2018级本科生，校第五期“菁英班”成员，曾任班级团支部书记、院学生会网宣部副部长、广告学专业2019级新生学长导员。曾获全国大学生广告艺术大赛安徽赛区策划案类一等奖、“挑战杯”安徽省大学生课外学术科技作品竞赛二等奖等，荣获“安徽省向上向善好青年”提名奖，被评为校“魅力团支书”、疫情防控“最美志愿者”、优秀共青团干部等，其事迹入选校“学雷锋十佳事迹”。

学无止境　永不设限

“虽千万人，吾往矣；虽万万人，何惧。”她清楚地知道，虽然改变不了世界，但可以无限接近自己心中的那个世界。大学期间她不断探索，始终把学习当作第一要务，合理高效地安排自己的课外时间，不断寻求宝贵的锻炼机会和学习机会。她不断尝试，抓住自己感兴趣的机会，做事情有一股冲劲，看淡结果，享受过程，并不断吸取成功经验，总结失败教训。在每一次的成功和失败中，她更清楚认识到自身的渺小和学习的永不设限与任重道远。

一个个清晰的脚印见证了她成长的轨迹，一步步踏实地走着让她得到了应有的回报，她的学习成绩一直在专业名列前茅，连续两年专业学习成绩和综合测评成绩均位于专业第一，学分绩点91.69分。她还通过了预备党员的考察，最终成为一名中国共产党正式党员。课外她也积极参加各类专业赛事，在老师的悉心指导下，收获颇丰，如获获全国大学生广告艺术大赛安徽赛区策划案类一等奖、互动类三等奖，“挑战杯”安徽省大学生课外学术科技作品竞赛二等奖，安徽省大学生服务外包创新创业大赛二等奖等。在各类比赛中，她始终担负起团队负责人的责任，明晰团队成员的长处和优点，分工明确，注重配合。回顾走过的路，别人看到的可能更多的是她做到了多么了不起的事，但只有经历过的她自己才能体会到，坚持的难得和信念的珍贵。

担任班委　努力工作

在工作上，她担任班级团支部书记和设计学院学生会网宣部副部长，以身作则，做好老师和同学之间的信息传达，解答同学们的困惑和疑问，组织班级参加校、院各项活动，并将团支部的团员信息、每一次活动策划及总结等一系列材料分类整理好，每周积极号召、带动同学们学习青年大学习，团支部在青年大学习的参学率达95%以上，带领团支部获得校先进团支部和活力团支部荣誉称号。担任2019级广告学专业新生学长导员期间，她认真解答新生的困惑，并用自己的学习经验引导他们，用热情与责任心感染他们，同时也向其他班级的团支部书记、新生学长导员分享自己的工作经验和心得，与他们互相交流学习。

小小善心助他人　愿以无私付青春

设计学院的广告学专业注重将理论运用于实践，她在学校和学院的悉心培养下，也决心要将自己所学的知识运用于社会实践。她组建安徽“好人”专访团，寒暑假带领团队成员走访安徽各地，不畏严寒和酷暑，对接各地文明办，和团队成员实地采访安徽“好人”86名，整理采访文字稿23万余字，录制视频时长1128分钟，专访团的事迹被《中国教育报》、“学习强国”等多家主流媒体报道，她自己也在采访过程中与安徽“好人”面对面接触交流，学习他们身上的优秀品质，用丰富的新媒体形式继承和传播“好人”精神。剪辑后的采访视频在校内进行展播，获安徽省广播电视局举办的“百年路　新征程”庆祝中国共产党成立100周年暨“皖美呈现”短视频创作活动三等奖，其制作聆听好人的故事H5获全国大学生广告艺术大赛安徽赛区互动类三等奖。她也因这段艰难而美好的经历获“安徽省向上向善好青年”提名奖，其事迹入选校“学雷锋十佳事迹”。

孙思博

永远不要停下前进的脚步

孙思博，男，中共党员，安徽工程大学机械与汽车工程学院车辆工程专业2018级本科生。曾任班级体育委员、跑吧跑步协会会长。曾获得国家奖学金、校一等奖学金、第十一届全国大学生机械创新设计大赛慧鱼组竞赛一等奖、第十届华东区大学生CAD应用技能竞赛三等奖、全国三维数字化创新设计大赛安徽赛区二等奖、第十一届全国大学生机械创新设计大赛机械组三等奖、安徽省全民健身运动会二等奖，被评为优秀学生干部。

心怀理想　刻苦求学

他满怀希望与憧憬进入了安徽工程大学学习，一入学便树立了考研的坚定目标。在他内心深处，除了有对大学生活的向往，更多的是继续深造的坚定与冲劲。

因为比较热爱物理学科，大学专业他选择了与物理联系比较密切的机械类专业。他对自己的专业十分热爱，对所有的课程也非常喜欢。大一的课程相对来说较少，课余时间他经常泡在图书馆自习，不断提升自己。专业学习上，他总是刻苦钻研，对自己的要求一直很高。在学习方法上，他始终认为理工科类学习要先以自己的独立思考为主，自己总结出来的解题思路才是最适合自己的，如遇到自己无法克服的困难，再虚心向老师和同学请教。他注重学习效率，认为要花最少的时间来做最有意义的事情，充分利用时间在大学里提升自己的综合实力。大二时，他以更加高的标准来要求自己。新冠疫情期间，他依然坚持学习，从网络上购买相关学习资料。功夫不负有心人，大二学年，他的专业成绩位居班级第一、专业第二。

思维活跃　勇于创新

他加入了学校的机械创新设计协会，协会的培养计划是大一主要学习各种建模软件的使用，为大二、大三参加各种学科竞赛打下坚实基础。出于对机械类学科的热爱以及对自己的高要求，他在课堂学习之余，积极参加每一次协会培训，虚心向各位学长请教各种软件的使用方法。经过一年的学习，他已经基本掌握了CAD、UG的使用方法，但是他并不满足于此，大一暑假期间他放弃回家休息的机会，积极参加协会的暑期留校集训，进一步提升了自己的能力。

在打牢基础之后，大二一开学，他便积极联系协会内的同学，利用课堂学习之外的时间，积极参加各种校级、省级、国家级的机械创新类学科竞赛。付出总会被看见，努力终有回报，他获得了机械创新类学科竞赛国家级一等奖1项、省级二等奖2项、省级三等奖2项、校级奖项若干，并且获得1项发明专利。他说，回首过去，大学的前两年是一段曲折艰辛而又十分有价值的时光，他感谢当初的自己没有荒废时间，感谢指导他的老师、学长，也感谢与他一起努力的队友。

奋勇拼搏　突破自我

高考结束时，他因为高三一年体重涨了很多，便开始在暑假的时候制订每天跑步的计划，开始减肥，自此，便开始了他与田径的缘分。他先是在暑假将近三个月的时间里将体重减了近三十斤，同时心肺功能、长跑能力也有了显著的提高。大一军训后，他先是轻松取得了院运动会1500米、3000米的冠军，后来经过努力，又取得了校运会1500米、3000米的冠军。他说这件事情是他在大学做任何事情都有信心的主要原因，让他觉得什么事情只要想做并为之努力，就一定可以做好。大一下学期他又代表我校参加了中国大学生马拉松联赛以及中国高校百英里接力赛，都取得了很好的成绩，在中国高校百英里接力赛中为我校赢得了安徽省第一的荣誉。

在大二上学期，他加入了校田径队，专攻长跑项目。在田径队期间，他认识了一群为梦想、为田径拼搏的队友，结识了他最喜欢的田径队教练——金庆红老师。他非常喜欢田径队的氛围，珍惜每一次训练机会，训练场上他们每一个人都斗志昂扬，奋勇拼搏，展现青春风采。经过一年的系统训练，他对自己提出了更高的要求——打破校运会田径纪录！这个目标在大三上学期实现了，在第三十九届校运会上，他以九分五十七秒的成绩，打破了校运会男子3000米田径项目的纪录，成为新的校纪录保持者。

他热爱田径，热爱体育。他说体育真的让他收获了很多，他从未把体育锻炼当成一种任务，而是作为对自己上一阶段认真做事的奖励，并永远为曾是一名体育人而骄傲！

徐 万

松柏之志 求真务实

徐万，男，中共党员，安徽工程大学人文学院行政管理专业2018级本科生。曾担任学院自律监察委员会副主任。曾获全国青年作家文学大赛小说组二等奖、第七届中外诗歌散文邀请赛一等奖、第六届安徽省“互联网+”大学生创新创业大赛“青年红色筑梦之旅”赛道铜奖、2019年“江淮杯”安徽省大学生原创文学新星大赛二等奖、2020年“新时代·新思想·新青年”安徽省大学生学习马克思主义理论成果大赛二等奖等。

不忘初心　潜心学习

刚踏入校门时，他和多数人一样，面对未来的道路难免会迷茫，不过他始终坚信，凡事当以学习为重。他认为，如果大学的成长过程是一座金字塔的不断垒成，那么学习一定是那最牢固的地基，只有学习扎实了，这座金字塔才能真正牢固，完美地屹立于青春之林。所以他踏实学习，认真努力，连续获得国家励志奖学金和校二等奖学金。

在生活中，他乐于助人，与同学相处融洽。在工作上，他认真负责，尽心尽力，协助老师与同学开展各项工作，曾被评为校优秀学生干部。在思想上，他大一时就积极主动向党组织递交了入党申请书，如今已经是一名中共党员。他认真学习，追求上进，不断加强党性修养，曾在2020年“新时代·新思想·新青年”安徽省大学生学习马克思主义理论成果大赛中获得调研报告类二等奖。

执笔为梦　挥洒青春

大一下学期，他开始不停地发掘自己在写作方面的能力，通过不断阅读与写作来重新认识世界，想要以笔为梦，挥洒青春的汗水。在经过不断学习与积累后，他开始创作具有自己风格的作品，逐渐在学校的比赛中崭露头角。

2019年9月，他跟随学校老师前往江淮汽车集团参观学习，深入领略了江淮精神的内涵、本质及其背后所蕴藏的“大国工匠”精神，在学院老师的悉心指导下，经过一个月的学习与努力，最终凭借一篇散文获得2019年“江淮杯”安徽省大学生原创文学新星大赛二等奖。从那以后，他开始不断挖掘自己在写作方面的潜能，尝试撰写多种题材的作品，陆陆续续在诸多网络平台上发表作品约50篇。他的作品始终立足生活实际，主张求真务实，部分作品在一些国家级比赛中脱颖而出，有的还被编入《秦东文学》，产生了诸多积极的影响。

热心公益　创新实践

从大一开始，他便积极加入了学校的“阳光之旅”青年志愿者服务队和“暖途”青年志愿者服务社。在前后两年时间里，他的身影出现在盲校、敬老院、火车站等诸多志愿服务地点。在盲校里，他认识了双目失明但仍热爱生活的小朋友；在敬老院，他认识了年迈但风采依旧的老爷爷；在火车站，他结识了诸多志同道合的志愿服务者……

学习之外，他积极参加学校各类创新活动，希望可以提高自己的创新实践能力，成为一名真正的全面发展的大学生，从“互联网+”大学生创新创业大赛再到省级大学生创新创业训练计划项目，在学校老师的悉心指导下，他潜心钻研每一个项目，面对挫折不气馁，面对成功不骄傲，不断积累创新创业经验，在项目中得到锻炼，不断成长。

2020 年 7 月，为探寻乡村建设现状，为相关问题的解决提供参考，他带领团队分别在滁州天长、安庆宿松、宿州砀山等安徽省六个省际交界乡村区域，围绕省际交界乡村的乡村振兴战略实施情况进行调研与走访。通过不断讨论调研成果，他们决定发起成立“徽际”乡村产业发展服务有限公司并撰写项目计划书，希望可以集合高校专业、信息、人员等优势，面向省际交界乡村长期开展公益服务，帮助省际交界乡村实现更好更快更有特色的发展。这既能助力更多的乡村发展，也能让同学们在假日里得到锻炼，理论知识得到验证、志愿精神得到弘扬。他用自己的切实行动，在新时期的乡村振兴中默默贡献着安工程青年之力。

刘 昶

半山腰总是太挤　我想去山顶看看世界

刘昶，男，中共党员，安徽工程大学材料科学与工程学院材料科学与工程专业2018级本科生。曾任材料科学181班班长、学习委员，2019级新生学长导员。曾获全国大学生节能减排社会实践与科技竞赛三等奖、全国大学生先进成图技术与产品信息建模创新大赛三等奖、华东区大学生CAD应用技能竞赛二等奖、全国大学生机械创新设计大赛安徽赛区竞赛三等奖、全国三维数字化创新设计大赛一等奖，荣获科研活动标兵、"三好"学生等荣誉称号。

求真务实　奋发向上

初入大学的他，由于过于活泼且贪玩的性格、不扎实的学习基础以及对大学环境的不适应，造成了几次月考失利。但在辅导员和同学们的支持和鼓励下，他竞选上了学习委员，这成了他大学生活中的一个转折点。“我从小到大成绩平平，我也想体验一回当‘学霸’的感觉。我或许不是最优秀的学生，但我想成为进步最快的学生。”这是他和辅导员之间的约定。班委竞选结束后，他和班里的同学再次约定：第一次期末考试，如果他的成绩排名在班级前三分之一，就继续担任班级学习委员，否则就不再担任这一职务。

为了克服浮躁，他把自己关在自习室里，强迫自己专注于学习，训练自己的耐性。从专注学习十分钟到二十分钟，再到一个小时，他始终在进步。他深知自己不够优秀，甚至不被看好，于是不再去注意他人的眼光，而是努力从自己心中消除“差生”的烙印。就像毛毛虫，只有忍受住了成茧的寂寞，才能完成蜕变，遇见更大更美好的世界。第一次期末考试，他的成绩跃居班级前三分之一。从校二等奖学金到一等奖学金，再到安徽合力奖学金、国家奖学金，他成了班里进步最快的学生。“长风破浪会有时”，获得国家奖学金的那一刻，他明白了，没有人会是永远的“差生”，只要努力，就能成为自己的英雄。

尽职尽责　乐于奉献

班长、新生学长导员、科研活动标兵、队长……当询问起大学里他最难忘的身份时，他的回答始终只有一个：班长。作为班长，他尽职尽责。大一时，他们班级如同一盘散沙，集体活动参与度低，班级成绩平平，获奖次数也寥寥无几。大二时他主动竞选班长一职，在班级同学的支持下，他积极作为，完善班规班纪，将原本以班级为单位分配任务改为以寝室为单位分配任务，进一步细化班委的职责。在大二学年，有将近三分之一的班委被撤换，更多愿意为班级奉献的学生成为班委，得到了充分锻炼。大二暑假，为了培养班委和班级同学的团结协作能力，他组建队伍，深入大别山深处的龙潭村，实地考察当地的特色扶贫项目，深入学习大别山地区红色文化精神。这次活动锻炼了他的组织能力，同时也提高了班级的凝聚力。大三学年，他经常以队长的身份带领班级同学参加各类学科竞赛，在他的影响和带领下，班级同学在国家级、省级、校级、院级各类学科竞赛及社会实践比赛中均取得了优异成绩。大三学年，班级里近一半同学获得校级奖学金，班级也荣获校先进班级和标兵班级称号。

人是社会的人，他说他在大学生活中最大的快乐就是为集体作出贡献。

孜孜不倦　全面发展

他并不局限于学习书本上的知识，更注重理论联系实际。他立志为国家作贡献，成为德智体美劳全面发展的栋梁之材。他积极参加社会实践活动，在暑期“三下乡”社会实践活动中取得优异成绩。他平日热爱写作，曾在马克思主义学院微信公众号上发表《读〈青年在选择职业时的考虑〉》一文，他还积极参加各类原创小说比赛，取得优异成绩。

他依旧记得在校运会男子800米的赛场上，自己咬紧牙关，努力超过一个个竞争者时的场景，最终为学院摘得男子800米的铜牌。那是他大学获得的第一枚奖牌，为他以后在各类赛场上奋勇争先奠定了基础。他所参加的比赛涉及多个学科领域：机械、材料、计算机、生物、化学、物理……曾获国家级、省级、校级、院级等各类奖项。他还以第一、第二作者的身份申请发明专利2项。作为材料科学与工程专业的学生，他觉得最有挑战性的还是物理实验竞赛，面对完全不熟悉的领域，他主动学习物理有关知识，努力锻炼实验本领，从学校将近200个学生中脱颖而出，通过层层选拔，最终在省赛中取得物理实验竞赛三等奖的好成绩。

朱胜男

既往不恋　未来不迎　当下不杂

朱胜男，女，中共党员，安徽工程大学生物与食品工程学院食品科学与工程专业2018级本科生。曾任班级团支部书记、学习委员。曾获校特等奖学金、第二届“三只松鼠杯”休闲食品创新大赛全国三等奖、2020年安徽省大学生生物标本制作大赛一等奖、2019年安徽省大学生食品设计创新大赛一等奖、安徽省“互联网+”大学生创新创业大赛铜奖。

学知不足　业精于勤

朱胜男始终以一丝不苟和专心致志的态度对待学业，学业成绩位列专业第一，连续两学年综合测评班级第一，曾获国家励志奖学金、校特等奖学金、校一等奖学金等。她将学习作为第一要务，上课认真听讲，做好笔记，严谨对待每次实验，大部分课余时间选择在图书馆度过，注重提升自我知识水平，还辅修英语专业。在她的心目中，书山学海，唯有勤奋投入，没有任何捷径可言。

行成于思　研有所成

刚入大学，她就进入专业实验室，在导师和学长学姐的指导下完成一些专业实验，主动学习各类仪器的操作、实验的原理等。专业知识和动手能力得到了锻炼和提升后，她开始主持多项大学生科研项目，如大学生创新创业训练计划项目，并积极带队参赛，获得第二届“三只松鼠杯”休闲食品创新大赛全国三等奖、2020年安徽省大学生生物标本制作大赛一等奖、2019年安徽省大学生食品设计创新大赛一等奖等。

除参加专业学科竞赛外，她还积极参加演讲、职业设计、创新创业等多项校、院级比赛。她一直相信，多一分付出，多一分收获，抓住各种机会来锻炼自己。经过三年各类比赛的磨炼，她的演讲能力、组织能力、团队协作能力等，都得到了实质性的提升。

自强不息　学有所践

课余时间，她积极参加各种社会实践活动，热衷于大学生志愿服务活动。大一刚入学，她就加入学院志愿者团，积极参加医院导医导诊、汽车站指引、小学支教等多种志愿活动。到了大二，她开始组织志愿活动，组建服务团队，她组织的活动被中青网等媒体报道。累计志愿服务时长200多小时的她，曾获校优秀志愿者称号。赠人玫瑰，手有余香。

她将志愿服务看作一个积极奉献自我的过程，她坚信自己会在志愿服务这条路上一直走下去。

刚健有为　立场坚定

她政治立场坚定，积极向党组织靠拢。担任班级团支部书记的两年里，她以加强学风为抓手，积极推进班级日常管理工作。在班级管理上，坚持以同学为主体，与大家共同成长成才为目标，关心同学的学习、生活，从正面教育和引导广大同学，增强他们的集体荣誉意识和独立自强精神。她带领班级荣获多个集体奖，如先进班集体、优秀团支部等。她认真学习党的知识，获学院分党校学生党员培训班优秀学员、校优秀共青团员等称号。

生活中她非常自律，注重健康，热爱运动，擅长跑步、羽毛球、排球等。她每周制订运动计划，始终坚持定期跑十公里，在运动中充电，在充电中快乐，在快乐中生活。

李增产

自立自强　方不辜负美好青春

李增产，男，中共党员，安徽工程大学机械与汽车工程学院机械工程专业2018级本科生。曾担任班长、校大学生记者站副部长、2019级新生学长导员，获得国家奖学金、国家励志奖学金、校一等奖学金、全国三维数字化创新设计大赛安徽赛区一等奖、安徽省大学生服务外包创新创业大赛二等奖，获得“三好”学生、优秀学生干部、优秀青年志愿者等称号。

拳拳报国心　自强力践行

李增产认为，个人的成长与国家发展是紧密相连的，大学生更应该以自己的热心和力量为祖国作出一点贡献。为更加深入学习新思想，争做有作为的新时代青年，他在大一便提交了入党申请书，积极向党组织靠拢。在学习中增长知识、锤炼品格，在工作中增长才干、练就本领。

家庭不富裕的他自小就明白“担当”二字的分量。因责任心强，他得到老师和同学们的认可，当选为班长。他带领班级同学一起取得军训先进连称号，带领团支部同学一起取得优秀团支部称号。担当，不仅是做好自己的事，更要带动后来者。他自荐成为19级新生学长导员。“不积跬步，无以至千里”是他对新生的叮嘱，他对新生善加呵护，从普通同学到班长，再到新生学长导员，变的是责任的分量，不变的是对责任的坚守。

榜上常有名　文体两开花

李增产坚信人生是场马拉松，一直向前才是常态。初入大学，他便给自己定了一个个小目标。从上课不迟到早退、课上认真听讲，到积极完成课堂任务并及时巩固，最终他连续两年专业成绩和综合测评位列班级第一名，多次获得国家奖学金、国家励志奖学金、校一等奖学金。学有余力的他选修了多门高年级的课程。“大学英语”“计算方法”“线性代数”“理论力学”“画法几何及机械制图”等，他有20多门课更是学年平均学分绩点为满分。

在学习之余，他丝毫也没有落下文体生活。不仅在校报上发表了《颜汐炽梦》《淡黄路口》《冬日寻味》等多篇文章，在第四届校园原创文学大赛中投稿两篇文章且均获奖，还在“对抗疫情，温暖同行”创意写作大赛中获得一等奖。他热爱运动，是校田径俱乐部成员，积极参与日常训练活动，并连续两年在校运动会立定跳远项目获得铜牌，三级跳项目获得第四名和第六名的成绩。

责任放手边　担当在心中

李增产常想："曾经有很多人帮助我成长，当我慢慢成长了，有能力了，我也该帮助更多的人。"他积极参与志愿活动，观察身边小事，帮助组织策划志愿活动，穿上红马甲参与"含笑花"志愿服务队，解决了困扰学校多年的废旧自行车问题。为响应国家可持续发展战略和环境保护的号召，他带领多人组建"四色依米花"环保团队，开展"四色依米花"走进垃圾分类新时尚志愿服务项目。李增产与团队成员团结合作，共同开展"三下乡——青春创业，筑梦扶贫"实践活动。2020年他还参与了抗击新冠疫情行动和抗洪防汛行动。面对突如其来的新冠疫情，他们团队发起了"驰援湖北·公益募捐"行动，共募集了59236.59元。2020年7月，他主动担当，参与芜湖市防汛工作，加入芜湖市赭麓街道青弋江防汛工作组，驻守在青弋江袁泽桥至新铁桥段，全力配合做好防汛抗洪工作。

拼搏同创新　青春展风采

李增产积极参加学术科技竞赛，所在团队提交的作品《多功能六足机器人》不仅获得全国三维数字化创新设计大赛安徽赛区一等奖，还获得了安徽省大学生服务外包创新创业大赛二等奖，安徽省"互联网+"大学生创新创业大赛铜奖。除了这些，他还获得了安徽工程大学第十届大学生创业实践挑战赛金奖1项、铜奖2项，安徽工程大学第六届"互联网+"大学生创新创业大赛一等奖1项、二等奖5项、三等奖1项、优秀奖1项。仅一年内他便累计获得数十个创新创业创意方面的奖项，同时将创新想法付诸实践，与同学一起成立了芜湖三圭文化传媒有限公司并担任监事。

奋斗自强，天宽地广。李增产希望自己可以永远怀揣一颗奋斗的心、一股不服输的劲，跨越高山大海，踏平满途荆棘，昂首阔步走向人生高处。

许虹璐

向着温暖的阳光出发

许虹璐，女，中共党员，安徽工程大学机械与汽车工程学院机器人工程专业2018级本科生，曾担任班级学习委员。曾连续两年获校“三好”学生、优秀学生干部等荣誉称号。曾获全国大学生机械创新设计大赛慧鱼组竞赛三等奖、全国三维数字化创新设计大赛安徽赛区特等奖、全国大学生机械创新设计大赛安徽赛区三等奖。

思想端正　信仰坚定

从小受到家人的耳濡目染，她的内心深处早早便埋下了加入中国共产党的种子，大一一入学她便积极递交了入党申请书，向党组织靠拢。她认真参加每一次党课班的学习，坚持深入学习党的相关理论知识，用先进的思想理论武装自己，不断完善自身。经过两年的自学，她在各方面都得到了很大的提升，顺利通过党组织的考察，成为一名光荣的中国共产党员。一名党员就是一面旗帜，在大是大非面前，她一直具有较强的判断能力，并能保持独立思考，在同学中较好地发挥了先锋模范作用。

严以律己　勤钻善思

一个人最难得的品质就是自律，自律的人懂得合理安排时间，懂得把握人生方向。她一直保持着刻苦学习的良好习惯，每天为自己定下一个小目标，以期取得阶段性的成就。她勤于思考，喜欢钻研，有着敢冲敢闯的狠劲。大一期间就通过了英语四、六级考试，大一、大二连续两学年成绩排名专业第一，并获得国家励志奖学金、校特等奖学金和“三好”学生荣誉称号。大二时通过各项考核成功加入校“菁英班”。生活中，她低调朴素，总是乐于并善于帮助身边需要帮助的人。

砥砺奋进　躬身实践

“纸上得来终觉浅，绝知此事要躬行。”大一期间，她便积极加入院学生会，在服务他人中培养了作为学生干部应该具备的基本素养，提升了自己的社会实践能力。她乐于探索，敏于求知，积极参加暑期“三下乡”社会实践活动，以期真正走进社会，走进生活，锻炼能力。暑假期间，酷热难耐，但她自愿申请留校学习，每天早出晚归学习软件。新冠疫情之后，她又赶忙申请返校，提前回到学校准备比赛。天道酬勤，她最终获得全国三维数字化创新设计大赛安徽赛区特等奖、全国大学生机械创新设计大赛慧鱼组竞赛三等奖、全国大学生机械创新设计大赛安徽赛区三等奖、校工业机器人应用大赛三等奖等奖项。参加科技类竞赛的经历让她深刻地认识到，把脑海中的想法转换为实际不仅需要扎实的理论功底，还需要付诸行动、躬身实践。在比赛中，她获得的不仅仅是各类奖项，更多的是拼搏奋斗的成就感、团队合作的荣誉感、获得新知的充实感，比赛让她收获更多有意义的知识体悟和乐趣。

培养爱好　丰富生活

她兴趣爱好广泛，追求全面发展，在大学中除了学习课本知识，还拥有充实的课余生活。自从高中接触了排球，她便对排球有一种特殊的热爱，大学期间成功加入了院排球队，学习排球的基本理论知识，刻苦踏实训练，偶尔在训练过程中受伤，也从不喊苦叫累，默默咬牙坚持。作为院排球队二传手，在新生杯比赛中，她和团队队员共同奋进，最终获得了季军。作为班级的学习委员，她十分乐于帮助学习有困难的同学，常常在课余时间给班级同学讲重点、画要点，并无私地分享自己的学习经验，为创建和谐、向上、团结的班集体积极出力献策。

“往者不可谏，来者犹可追。”理想其未远，振翼而腾飞。道阻且长，她正在人生的奋进之路上奋力拼搏，为更美好的将来不断努力，努力成为一个温暖有光的人。

黄金龙

越努力 越幸运

黄金龙，男，中共党员，安徽工程大学生物与食品工程学院生物工程专业2018级本科生，曾任班级学习委员、团支部书记。曾获国家励志奖学金、校二等奖学金、安徽省大学生生物标本制作大赛一等奖、校新生学生手册考试二等奖、校消防安全知识竞赛一等奖，被评为校“三好”学生、校优秀学习效果调查员等。

贫寒之家　奋斗之源

“穷人的孩子早当家”，他出身贫寒家庭，但他从未妥协与放弃，而是坚信知识改变命运，改变从行动开始。大学就像一座灯塔，指引着他砥砺前进，鞭策着他迎难而上，不断在前进的路上收获属于自己的成功果实。

“大浪淘沙，不进则退”，这句话时刻勉励着他做事务实、刻苦努力、追求卓越，始终保持积极进取、昂扬向上的生活态度。他平时上课认真听讲，高质量完成课后作业，一有时间就去图书馆看书，汲取知识的养分。大二学年凭着自己的刻苦认真，荣获校二等奖学金，被评为校“三好”学生。

冰消雪融　遇见彩虹

刚进大学的他，怀着翱翔九天的壮志和无限的期待，对象牙塔里的生活既懵懂又充满向往。在担任班级学习委员和团支部书记时，他收获了一场不可或缺的人生经历，体会到了更充实的大学生活，找到了更好的自我，也提升和拓展了自我。

课余时间，黄金龙积极参与各类学术社团活动，也收获了许多意外惊喜。他参加了英语学习俱乐部，提高了自己的英语口语水平，人也变得越来越乐观开朗。从观看比赛，到参加比赛，即使最终没有获奖，但他克服了胆怯，见识了更广阔的世界。

逆境逢生　绽放精彩

学习和生活都不可能一帆风顺，这就需要保持积极向上的心态。面对困难，他决不退缩，并一直告诉自己：“再努力一把就成功了！”对待学习和生活中的难题，虽然有时候他会有点手忙脚乱、力不从心，但最后都能够通过自我调适化解消极情绪。

黄金龙大一就跟随导师进入实验室，大部分实验的过程烦琐且费时，但实验成功带来的成就感和喜悦是不可言喻的。每次实验，他都力求做到完美。他参加了安徽省大学生生物标本制作大赛，与队友们为准备一幅作品共同努力了多个日日夜夜，也经历了多次失败，但大家始终热情高涨，精益求精，最终获得一等奖的好成绩。

黄金龙坚信，不努力谁也过不了想要的生活，他始终认为大学生活不可能完美，少不了挫折和失败，但只要珍惜芳华、勇于开拓、敢于拼搏，就会离梦想越来越近。

方钱燕

保持青春炙热 走好当下的每一步

方钱燕，女，共青团员，安徽工程大学数理与金融学院统计学专业2018级本科生，曾担任数理与金融学院团委学生会新媒体中心主任，统计183班信息委员。曾获校二等奖学金，被评为优秀学生干部、优秀共青团干部、校团属新媒体先进个人等，获第十二届“认证杯”数学中国数学建模网络挑战赛优秀奖。

重新开启未知的旅途

2018年，眼中带着懵懂，话语还稍显羞涩，心中却满怀期待的她初次步入安徽工程大学。“如果说人生是一场未知的旅途，我相信一切都是最好的安排。”大一的时候她这样告诉自己，如果不知道自己到底想要什么的话，应该多去尝试，去发现自己的热爱。

在班级班委选举时，她只知道，她想融入同学，融入班级，为自己的集体去贡献力量，她认为再小的地方也能发光，再小的职位也能发热。在学生会招新的热潮中，院招新宣讲上的新媒体宣传，让她的眼中充满了学习新事物的光，从此，这位积极、有想法的女孩便与新媒体宣传工作结了缘。因为专业的方向，她加入了金融协会，因为喜欢英语，她加入了英语口语协会。大一带来的新鲜感很多，但是做到专注于每一件事，是对每一位新生的考验。摸索中的懵懂女孩正在慢慢向大家证明，每一步，她都在坚持，每一件事，她都在用心完成。

摸索的过程是发现自己的过程，也是让自己成长的过程。为班级做好信息记录，为同学们做好推文宣传，每周参加一次“英语角”活动……她边摸索，边积累，边进步。

用心耕种每一分热爱

在经历了大一的各种忙碌与接受了所谓的熟悉感之后，可能会失去热情，而保持初心、坚持最初想要的，就显得格外珍贵。大二的她，更有担当，更有耐心，也更有想法。她选择了继续留任院团委学生会新媒体中心主任，为同学们带来更多优质的推文。她专心学业，成绩优秀，通过了英语四、六级考试，报考了专业相关的考试并获得证书。她积极向党组织靠拢，参加入党积极分子培训。她参加建模比赛，拓展自己的学术思维。面对新冠疫情，她积极参与家乡的疫情防控工作，贡献自己的微薄力量……她很平凡，但又不平凡，平凡的是她只做了自己该做的事情，不平凡的是她让很多人印象深刻，让大家觉得暖心又励志。

她经常挂在嘴边的一句话是："要成为有气质的人，做到说话有气质，做事有气质，内心更有气质。"她不仅仅是在书写自己的故事，更是在努力成就自己，成为想成为的人。

做好自己　行胜于言

如果无法阻止意外的到来，那么能做到的就是好好活在当下。她说："越长大越觉得时间过得很快，离别更多，容易感动，也容易沮丧，每一分慵懒也总会带来空虚和恐慌。唯有踏踏实实，不断思考，不断发现错误，才能不断进步。"

"你真的安于现状吗？"她无数次在内心对自己这样发问。大三以来，她一直思考，究竟怎么样才是最好的，可能这个问题没有答案，明白自己想要的才是最重要的。

于她而言，大三是大学的一个重要阶段。经历过大一的懵懂，大二的历练，大三可以说是大学生活中的关键时刻，她开始独立地面对生活中的每一件事，思索并规划自己的未来，这需要她付出更多行动。也许如她所想，她也要学会沉寂，比如静下心来读一本书，认真学习专业知识，养成良好的作息习惯，坚持锻炼身体，用她喜欢的文字记录生活。她喜欢小说《流金岁月》中的一句话："无论做什么，记得为自己而做，那就毫无怨言。"是啊，做好自己，用行动说话。

有一句话这样说："做人凡事要静，静静地来，静静地去，静静努力，静静收获，忘却喧哗。"有这样一位女孩，默默探索坚韧成长，守护赤诚学会坚持，悄悄改变慢慢强大，她一直迎着风奔跑在青春的赛道上。

高 俊

笃行向上向善 争做青年学子的"标杆"

高俊，男，中共党员，安徽工程大学纺织服装学院纺织工程专业2018级本科生，曾任学院预备党员培训班助理、班长、团支部副书记。他是中国诗歌网蓝V诗人，历任校团委理论宣传部副部长、校青年通讯站副站长、校友工作大学生志愿者协会策划部部长等。先后获得中国数学建模网络挑战赛优秀奖、安徽省"互联网+"大学生创新创业大赛奖项7项、校"互联网+"大学生创新创业大赛奖项11项、"挑战杯"安徽省大学生课外学术科技作品竞赛二等奖、校大学生志愿服务项目大赛银奖等，曾获安徽省品学兼优毕业生、十佳通讯员，校向上向善好青年、社会活动标兵、十佳青年志愿者、优秀学生干部等10余项荣誉。他带领班级团支部参与校内外多项社会实践活动，组建暑期支教实践团并带领团队不断改进教学方法，将脱贫攻坚、乡村振兴的国家战略有机融入大学生日常学习和实践，彰显新时代青年大学生的社会责任和青春风采。

甘于奉献 他用责任担当履行骨干职责

作为班长、团支部副书记，他先后组织开展班会、团日活动、主题团课、教育活动、社会实践等系列活动30余次。他所在的团支部被评为先进团支部、活力团支部、五星级团支部等，并在“我与团旗合影”活动中获得一等奖。他带领班级获得先进班级、学风优良班级等荣誉称号，并获得“我的班级，我的团”班级风采大赛一等奖和“院杯”辩论赛亚军等。

大二时，他了解到校团委理论宣传部主要负责全校团员青年的理论学习和宣讲工作，很多学长在“团团讲团课”活动中得到锻炼，于是报名参加考核选拔，并成功成为校团委理论宣传部副部长。作为一名兼任多职的学生干部，从一个不起眼的男孩成长为优秀学生干部，他付出了很多努力和汗水。

2019年底，他应邀在纺织服装学院“青马工程”培训班上作题为“共青团改革再出发和全面从严治团”的团课；在2020级新生入学之际，他参与“团团第一课”团课宣讲活动，以“学生干部及基本经验”为题，结合自身经历与2020级学生分享体会和经验，先后在建筑工程学院、电气工程学院和纺织服装学院等5个学院宣讲，覆盖学生400余名。

习近平总书记指出，青年一代有理想、有本领、有担当，国家就有前途，民族就有希望。作为一名团干，他不断学习理论知识，提升自己的理论水平和思想高度，先后在学校和基层组织开展宣讲活动30余场，服务高校学生、基层群众3000余人，在思想政治、理论学习方面发挥模范带头作用。他的事迹多次被“学习强国”、《中国青年报》、安徽教育网等多家媒体报道。

高俊积极挖掘宣讲新资源，拓展宣讲新阵地，将宣讲从学校的小课堂搬到校外的大课堂，结合多种形式的实践活动开展宣讲。2020年暑假，他围绕“多维度视域下的长三角乡村民生经济文化研究”专题项目，赴蚌埠市开展以青年大学生基层理论政策宣讲为核心的研究、服务、创新活动，累计宣讲超过20场，先后被省、市级媒体报道。同时，他还带领团队积极做好新媒体公益宣传，宣讲活动信息关注量超过20000人，点赞量超过5000次。

“用最敏锐的眼光发掘新闻视点，用最生动的文字指点新闻江山。”除理论宣讲，高俊还积极主动撰写信息通讯、学习体会170多篇，先后在中国青年网、中国大学生在线和安徽教育网等近20家媒体发表，点击量累计60000余次。在他的不懈努力下，校团委首次获评安徽大学生网通讯社优秀组织单位，他还带领安徽工程大学基层理论“播种机”学生“三下乡”团队荣获优秀实践团队称号，个人荣获十佳通讯员称号。

砥砺前行　他用志愿行动丈量公益之路

从疫情防控到抗洪救灾，他无畏逆行，用行动书写当代青年的“硬核”担当。2020年初，新冠疫情暴发后，高俊与其他团学骨干一起发出“支援武汉，青年加油”公益募捐倡议，历时35天，累计募捐资金55479.22元，带动1400余人参与，积极响应安徽省青少年发展基金会“抗击疫情，希望同行——安徽希望工程特别行动”号召，向安徽省青少年发展基金会捐赠30000元用于支援湖北抗击疫情。作为团支部副书记，他借助团日活动平台，带领班级同学以寝室为单位开展疫情防控知识线上答题并自发组织捐款，累计筹得1000余元。他积极创作主题文创视频“疫情防控，遇见‘最美志愿者’”，在网上受到广泛关注。2020年7月，安徽淮河发生洪灾，正在开展暑期“三下乡”社会实践活动的高俊带领团队成员成为抗洪抢险的一线志愿者，与当地干部和官兵一起投身抗洪救灾、保卫堤坝等行动，彰显新时代大学生的社会责任和青春风采。

2021年5月，他以在企业实习为契机组建“校企联动，助力疫情”志愿服务队，前往六安市城南镇中心卫生院开展服务引导、疫苗知识普及等各项工作，助力疫苗接种。2021年9月，他投身返校志愿服务工作一线，持续10个小时为返校学生提供服务，引导返校学生有序入校，用自己的行动诠释着党员的先锋模范作用。

从象牙塔到乡村课堂，他无悔此行，用爱心点亮乡村少年的梦想。2020年7月，依托暑期“三下乡”社会实践活动平台，高俊组建暑期支教实践团，前往安徽芜湖、六安和滁州等5市设立支教点，以关注乡镇、农村教育为主题，以支教为载体，帮助解决农村孩子教育问题。他带领团队不断改进教学方法，将小组讨论、互动教育等方式引入课堂，将脱贫攻坚、乡村振兴的价值和意义等内容融入教学，为打赢脱贫攻坚战、促进乡村振兴贡献智慧和力量。

演绎奔跑 他用青年姿态闪耀文体舞台

才艺是他心中一艘启航的船，确定了航向，便不再畏惧狂风大浪。因表演天赋突出，刚入校他便被选为校迎新晚会表演者，表演了诗朗诵《梦想照亮未来》，随后通过面试成为校大学生艺术团成员，连续两年参加学校迎新晚会，连续三年参加话剧小品大赛、新生才艺大赛，并荣获多项奖项，多次参加全国大学生艺术展演活动、校五四晚会、校大学生艺术团汇演等活动。他创作了《纪念刘和珍君》《致敬，向你最美的模样》《乐跑和乐骑》等多部剧本，其中话剧《纪念刘和珍君》在校五四晚会和全国大学生艺术展演活动上演出，并获得了学校领导、老师和同学们的高度赞扬；2020年，他指导的新生才艺大赛节目《我，向人民报到》脱颖而出，荣获季军和最佳气质奖。

踏上跑道，是一种选择，更是他从小的热爱。高俊一直以来坚持将体育锻炼作为生活的一部分，连续两年代表学院参加校运动会3000米长跑比赛，并获得较好成绩，连续四年体质测试户外1000米跑位列第一。历时百天，他用百公里跑献礼建党百年。他积极参与体育服务，连续三年担任校运动会开幕式入场方阵训练员，累计训练人数超过600人，用时间和汗水向全校师生展示纺服学子的风采。

学以致用 他用勤学钻研绽放“双创”之花

自入学参与系列学科竞赛以来，高俊一直秉承着“仰望星空、脚踏实地”的理念，在学术创新、科研创新、创新创业等方面取得了不俗成绩。在校期间，他始终精益求精，勤奋好学，荣获过一等奖学金，并不断提升专业能力和素养，主持省级大学生创新创业训练计划项目1项，多次参加“红绿蓝杯”中国高校纺织品设计大赛、中国纺织类高校大学生创意创新创业大赛和全国纺织类大学生工程训练综合能力竞赛等多项专业学科竞赛，并荣获奖项。此外，他参与和指导“互联网+”大学生创新创业大赛、全国大学生电子商务“创新、创意及创业”挑战赛和中国大学生服务外包创新创业大赛等创新创业类赛事20余次，累计荣获20余项奖项，参与撰写项目书累计10多万字。

除专业学习外，高俊还积极参加经管类、数金类、生食类和人文类等专业学科竞赛。在数学建模比赛中，通过建立数学模型与学习编程语言，了解各种算法应用于建模赛题的优劣势，汇总优化完善的建模报告；在创意营销比赛中，实现团队组建学科交叉，团队成员各司其职，发挥所长，创新产品和服务，撰写营销策划书，将创意创新创业想法付诸实践，先后获得数学中国数学建模网络挑战赛优秀奖、安徽省大学生国际贸易综合技能大赛三等奖、中国大学生创意营销大赛优秀奖等。

“雨耕勤作，赤铸精工。”他是成绩优良，获得过鑫龙奖学金、校一等奖学金的安工程学子；是带领班级荣获20多项奖项的“干部标兵”；是多次在大型舞台上编创、导演和表演的“校园明星”；是荣获校大学生志愿服务项目大赛银奖、“互联网+”创新创业大赛银奖等荣誉的“科创达人”；更是主动请缨，奋战在疫情阻击第一线、抗洪救灾最前沿的“青春战士”。

许雨欣

铁肩担道义　奋斗正当时

许雨欣，女，中共党员，安徽工程大学纺织服装学院纺织工程专业2018级本科生。曾任班级团支部书记，获评校2021年度“魅力团支书”，所在团支部获评安徽省高校“百优团支部”，以“摄影+”为创新点的作品获“挑战杯”安徽省大学生课外学术科技作品竞赛金奖，曾获第四届中国纺织类高校大学生创意创新创业大赛三等奖，安徽省大学生纺织服装创意设计大赛一、二等奖以及全国大学生非织造材料开发与应用大赛二等奖等。

博观而约取　厚积而薄发

优质书刊一直是许雨欣的心头好，《中国青年报》《当代青年》《求是》这三本报纸杂志，从高一开始便摆在她的桌上，日读、精品、从学。

初入学的许雨欣便加入了校报编辑部，积极转化所学知识，在学校各类征文比赛中多次获奖。她配合校宣传部采写校内外重大新闻，积极组稿、撰稿、校对，参与采写学校迎新、运动会、国家奖学金获得者专访、校庆系列、校专业认证报道等学校重大新闻。为了提升眼界，她主动参与校扶贫工作对点支援单位——陈堂村、鸭湖村的相关新闻采访报道工作，在参与中受教育、长才干，并在《安徽青年报》《安徽工程大学学报》发表整版深度报道，深挖来自江城芜湖的脱贫攻坚工程队的扶贫事迹。

优秀的文笔离不开学习生活中的日积月累，许雨欣深知“知者行之始，行者知之成”的道理。大一时，许雨欣便设立了分阶段学习目标，并努力逐一实现。

“心有所信，方能行远。”积极向党组织靠拢，成为一名光荣的共产党员是许雨欣一直追求的目标。入校后她便第一时间提交了入党申请书，在学思践悟中坚定理想信念，在奋发有为中践行初心使命。一方面，她作为班级团支部书记，同心聚力夯实基层支部战斗堡垒作用，获评校2021年度“魅力团支书”，班级团支部获评省高校“百优团支部”；另一方面，她不断强化理论功底，参加2019年校“青马工程”培训班、2020年校马列理论读书班，均获优秀学员称号。2021年3月，她参加安徽省大学生入党积极分子示范培训班，品学先进理论，锤炼党性修养。

知行合一　学以致用

习近平总书记曾寄语青年：“青年一代有理想、有担当，国家就有前途，民族就有希望，实现中华民族伟大复兴就有源源不断的强大力量。”

作为班级团支部书记，她坚持率先垂范。2020年许雨欣所在支部作为五星级团支部、先进团支部、活力团支部，共组建5支团队（3支社会实践团队和2支志愿服务团队）参与志愿公益项目，累计组织开展公益活动31次，代表项目有：“同心抗疫，逆行责情”，协同社区开展防控工作；“木樨花”益+社区志愿服务项目，获校级银奖；校“四色依米花”环保团队开展垃圾分类志愿服务项目；“互联网+”红色专项“诗和远方”公益创投实践活动，获安徽省“互联网+”大学生创新创业大赛“青年红色筑梦之旅”赛道铜奖。

许雨欣坚持既读“有字之书”，又读“无字之书”。她积极参加校创业意识培训班，以“摄影+”为创新点的作品获“挑战杯”安徽省大学生课外学术科技作品竞赛金奖、第四届中国纺织类高校大学生创意创新创业大赛三等奖。她主动联系导师进入实验室学习以提高自己的专业知识水平，成果获省大学生纺织服装创意设计大赛一、二等奖以及全国大学生非织造材料开发与应用大赛二等奖。许雨欣在创新团日活动主题化、生活化、特色化方面进行了许多思考与尝试，她带领支部同学积极探索团日活动创新，所在支部也获评安徽省“百优团支部”。在校报编辑部兼职期间，她倡导跳出纸媒单纯的信息中介身份，结合资源优势将校报第四版转型成特色版面，先后推出了校庆系列、校运动会系列、毕业季专刊、扶贫专刊等。

未来，许雨欣会继续坚持与祖国同行、为人民奉献，有一分热、发一分光，以青春梦想、用实际行动为实现中国梦作出应有贡献。

江嘉佳

青春正当时 不予负流年

江嘉佳，女，中共党员，安徽工程大学数理与金融学院互联网金融专业2019级本科生。曾任互联网金融191班学习委员、团支部书记、“安琪有约”公众号负责人。被评为亚太区青年抗疫优秀志愿者，曾获国家奖学金、国家励志奖学金、校特等奖学金。获第十届“认证杯”数学中国数学建模国际赛优秀奖、全国高校传统文化知识竞答安徽省一等奖、“卓越之星”、2021年“国元证券杯”安徽省大学生金融投资创新大赛三等奖、校第九季“团百花”志愿服务项目大赛金奖、校大学生英语竞赛一等奖等。荣获校“三好”学生标兵、优秀共青团干部、优秀青年志愿者等荣誉称号。

栉风沐雨砥砺行

一路走来，风雨兼程，历练出的是成长，磨砺出的是意志，坚持不懈的是信念，努力拼搏的是梦想。大一的她青涩懵懂，却又满腔热情，好奇、尝试、渴求是她的特征。大一伊始，她就积极地参与班级的团支部书记竞选，结果落选了。那时的她，想抓住一切机会锻炼自己、证明自己。“我可以接受失败，但绝对不能接受未奋斗过的自己。”是的，不管结果如何，只要尝试努力奋斗过，就不后悔。

她还是满腔热情，只是这时她开始慢慢沉淀，把心思集中到了学习和比赛上。她课上认真听讲，课下积极主动地与老师交流，利用好学校和网上的各类学习资源，在不断摸索中总结出自己的一套学习方法。她开始尝试自己并不擅长的事物，去领略数学的魅力。第一次参加数学建模比赛，第一次和可爱的队友们日夜奋战去完成一篇论文，在凌晨讨论解题思路，争分夺秒在最后一刻上交论文。

多一分耕耘，便多一分收获。她的成绩和综合测评均位于班级第一，拿到了国家励志奖学金和校一等奖学金。这时，班干有变动，从哪儿跌倒她要从哪儿站起来。她准备了很多天的团支部书记竞选PPT，写了满满四页演讲稿，改了一遍又一遍，最后，班级同学雷鸣般的掌声让她觉得一切都值得。之后团内推优，她当选入党积极分子培训班班长，协助老师和同学们完成了每一项任务。在“团百花”活动中，她作为项目负责人，带着队友一路跌跌撞撞拿到了金奖。回望走过的大学之路，从入学时的懵懂茫然，到遇到挫折后的压力倍增，再到沉潜书刊与现实钻研求索，最后回归解决问题的学术初心，就像人们常说的，生活中没有白走的路，每一步都算数！从三等奖学金，到一等奖学金、国家励志奖学金，再到特等奖学金、国家奖学金，她始终在进步。学海无涯，她深知学习对于一个人的重要性，也明白所有的成就都需要通过自身不懈努力才能获得，如果这世界上真有奇迹，那只是努力的另一个名字！

躬行践履勇担当

新冠疫情肆虐，她认为自己有责任和义务为疫情防控献出自己的绵薄之力，于是积极响应，和家乡的政府工作人员一起核查登记人员信息，分发物资，宣传疫情防控知识，提醒村民佩戴口罩。她用自己的行动证明：新时代的中国青年是好样的，是堪当大任的。

她的家乡安徽省黄山市古城歙县遭到百年难遇的洪水侵袭，水退之后，断电断粮，路上到处堆满淤泥和被浸泡过的物品，一片狼藉。她和志愿者们一起清除洪水遗留下来的淤泥，协助村干部共同帮助村民渡过难关，尽快恢复生产生活秩序。

她热心社会实践活动，积极组织并参加校内外各种社会实践活动和志愿服务项目，争做向上向善好青年，以实际行动践行社会主义核心价值观。她在参加歙县政府志愿服务队开展的“一助一”“多助一”活动时，积极去敬老院慰问老人，逢年过节会主动问候、探访社区内的孤寡、独居老人，给他们带去帮助和温暖。她组建了敬老爱老团队，走近老人开展志愿服务，弘扬孝文化，增强大学生为孝发声、关爱老人的意识，回应敬老爱老美德的时代呼唤。

逆风飞翔更有力

她相信天道酬勤，功不唐捐，在成为更优秀的自己的路上没有捷径，只有努力。所以，她对自己的学业一直没有懈怠。她也知道自己离理想中的自己还差很远，所以大四的她选择了考研这条路。她相信只要朝着自己的目标不断前进，坚持到底，就能慢慢变成自己期待的样子，不辜负努力的自己。

在节奏越来越快的现代社会，需要沉下心来做事，那些看似不起波澜的日复一日，在某一天会让人看到坚持的意义。她会在未来的日子里继续拼搏，以梦为马，驰骋天涯！

王悦欣

赤诚诠释初心 奋斗追求理想

王悦欣，女，中共党员，安徽工程大学经济与管理学院人力资源管理专业2019级本科生。曾任学院学生会视觉效果部委员、人力资源发展协会会长、新生学长导员。获得国家奖学金、鑫龙奖学金、安徽合力奖学金、校特等奖学金、第七届安徽省“互联网+”大学生创新创业大赛铜奖、全国大学生英语竞赛三等奖、第十三届“创新创业”全国管理决策模拟大赛总决赛三等奖、第十届“挑战杯·中国联通”安徽省大学生课外学术科技作品竞赛银奖等。

常言道：“敢做梦，就成功了一半。”王悦欣刚入校就加入了院学生会团委学生工作处和人力资源发展协会，深入了解各类创新创业实践活动，大胆尝试、积累经验，积极参加各类高水平学科竞赛，取得了一系列优异成绩。在一路拼搏的过程中，她更加明确了大学生活的规划和目标，这也促使她在奋斗进取的路上走得更远。

以创新之活力　奏青春之乐章

作为新时代青年，她深刻明白实践出真知的道理，提高创新竞赛能力，绝不是纸上谈兵，而是要具有真刀实枪的实战经验。因此她于2020年6月开始尝试学科竞赛，形成了第一个自己带队的“象牙塔”新兴创意项目。在参加越来越多的国家A类赛事过程中，她不断学习成长，精益求精、突破自我。

她坚毅负责、统筹规划，先后担任多项科技创新项目负责人，带领团队获得了较好成绩，获得第七届安徽省“互联网+”大学生创新创业大赛铜奖、第十届“挑战杯·中国联通”安徽省大学生课外学术科技作品竞赛银奖、安徽省大学生服务外包创新创业大赛铜奖、安徽工程大学“创新创业创意”大赛一等奖。此外，她积极参加并获得全国大学生英语竞赛三等奖、第十三届“创新创业”全国管理决策模拟大赛总决赛三等奖、安徽省大学生创新创业ERP管理大赛二等奖等。

在参加创新竞赛过程中会遇到很多困难，大到项目设计遇到瓶颈，小到策划PPT呈现得不理想不美观，这些都会让她感到沮丧迷茫。但她不断地与指导老师沟通，一遍遍地修改文书和项目设计，与团队成员精诚合作，相互鼓励，不断进步。

令她印象深刻的是第十届“挑战杯·中国联通”安徽省大学生课外学术科技作品竞赛的紧张筹备过程。从前期的问卷设计与问卷发放，到科学的数据分析、文献检索学习、探讨结论建议，最终在学校和老师的共同支持下，团队成员站在了省赛演讲答辩现场，精彩呈现了大家的奋斗成果。

每一个创新创业项目都并非一蹴而就，前期的调研和准备工作必然枯燥辛苦，但正如毛泽东同志所说：“只要共产党人团结一致，同心同德，任何强大的敌人，任何困难的环境，都会向我们投降的。”而让王悦欣在困难面前坚持下来的动力，就是团队成员之间相互勉励的感动和有所收获时的成就感。

以志愿之情怀　践青年之初心

在大学这个丰富多彩的平台上，王悦欣以饱满的热情积极投入各项工作。大一加入学生会，她始终坚持努力工作，创新工作方式方法，为每一次组织活动贡献自己的力量。大二担任校人力资源发展协会会长，她不断扩大学科竞赛宣传范围，加大宣传力度，帮助更多的协会会员了解学科竞赛，并尝试投入学科竞赛实践活动。在与协会会员共同努力下，校人力资源发展协会最终获得十佳社团荣誉称号。大三担任新生学长导员，她有机会进一步了解新时代大学生的思想和抱负，经常利用晚自习时间，为新生讲解各类高水平学科竞赛信息，展示不同类别赛事的作品大纲，为新生答疑解惑，希望能够以自己的实践经验，发挥积极带动作用，助力积极向上的学弟学妹们，早日迈出学科竞赛奋斗路上的第一步。

未来光辉明亮，她正用汗水浇灌着梦想，用奋斗装点着青春，用爱心温暖着他人，脚踏实地，执着不懈，一步一步坚定地走在科技创新的路上，为更好的明天储备力量，为回报社会做好准备。

曾雨萱

不求不妄　苦乐自当

曾雨萱，女，中共党员，安徽工程大学电气工程学院电气工程及其自动化专业2019级本科生，曾任班级团支部书记。获第三届中青杯全国大学生数学建模竞赛本科生组二等奖、第十三届“认证杯”数学中国数学建模网络挑战赛全国比赛第一阶段二等奖，获校特等奖学金，被评为学生干部标兵、“青马工程”培训班优秀学员、军训先进个人等。

思想为根　积极进取

来自江西省吉安市的曾雨萱，从小受到家乡红色文化的熏陶，在上高中时就立志投入电力这项带给人们便捷与光明的事业。进入安徽工程大学后，她努力学习专业知识，坚信立身以立学为先，立学以读书为本。

大学是养成正确“三观”的重要阶段。她特别注重正确价值观念的塑造和思想政治觉悟的提升，在思想上和行动上积极向党组织靠拢，刚入学她就递交了入党申请书，参加发展对象培训班，积极学习党的理论知识，以先进的思想和理念武装自己的头脑，并顺利成为一名中共党员。

在努力向党组织靠拢的过程中，她的思想更加成熟，更加明确了自己肩负的责任。她在平时的学习、工作和生活中严格要求自己，团结同学，尊敬师长，关心集体，践行“尚德敏学　唯实惟新”的校训，在维护大学生良好形象方面，起到了模范带头作用，得到了老师和同学们的一致好评。

学习为源　朝乾夕惕

刚踏入大学校园，她就时刻牢记学习是学生的第一要务。她在课堂上认真听讲，课后虚心向老师请教，积极和同学们讨论问题。在实验室里珍惜每一次动手机会，直到能熟练掌握每一项操作技能。

她经常去图书馆查阅专业资料，不断拓宽知识面，加深对知识点的理解。在学有余力的情况下，她自学并积极参加数学建模比赛，动手能力和创新思维能力都提高了很多。通过不懈努力，她不仅学习成绩名列前茅，还获得了不少荣誉和奖励。

大二下学期，她报名参加了第十五届“西门子杯”中国智能制造挑战赛。在指导老师和学长学姐的帮助下，她学习并掌握了离散行业自动化中电梯行业的相关知识。在备赛过程中，她利用多种途径搜集资料，坚持每天将当天运行中存在的问题及解决方法与老师、学长学姐和队友交流，并依据交流和讨论结果改进相应的控制方案。整个备赛过程忙碌且充实，她完成了以西门子S7-1200系列PLC为控制系统的项目前期方案文档撰写、项目工程/程序开发及项目现场执行调试等相关工作，并最终取得了华东三赛区一等奖的好成绩。

她还报名并入选了学校开设的AI微专业小班，将本专业知识学习和现代新兴科学技术运用进行有机结合。寒假期间，她通过网络自学相关课程，认真完成老师布置的作业。在遇到难题时，她会先在网上查阅大量资料，认真思考提出解决办法，然后再和老师交流，最后修改并完善解决方案，脚踏实地地完成每一项任务。

工作为枝　事必躬亲

作为班级团支部书记，她对工作始终保持极大的热情。她积极参与班级事务，配合辅导员和其他班委完成工作，所在团支部多次受到表彰。她还认真开展各类主题团日活动，所在团支部多次被评为优秀团支部。

课后她会积极主动地帮助同学，解决他们在学习上遇到的困难，经常开展精彩有趣的课外活动以活跃班级气氛。平时，曾雨萱也乐于组织社会实践活动，把同学们聚拢在一起。暑假期间，她组建了一支“三下乡”实践团队，前往江西省吉安市开展科技助力乡村振兴实践。通过实地调研和问卷调查，对当地农户的生活水平进行评估，通过多种方式引进新技术，助力当地农户提高农业生产水平。

生活为叶　怡然自得

曾雨萱对待学习和工作非常认真，对待生活充满热情。她性格开朗、乐于助人，始终保持着积极向上的生活态度。每逢周末和假期，总会去周边的公园踏青，她还经常组织骑行队骑行，锻炼身体的同时还能欣赏沿途的风景。

她的兴趣广泛，爱好摄影、音乐、写作，曾学习过钢琴、吉他、尤克里里、葫芦丝等乐器，经常参加学校的歌咏比赛，也经常担任学院各类活动的主持人，具有优秀的控场和应变能力，深受同学们的喜爱。阅读是她最大的爱好。无论学习任务多么繁重，她总会抽出时间阅读课外书，对她来说，阅读既是学习也是一种放松。好书如挚友，在她看来，这些书的内容或许会随着时间渐渐被淡忘，但是烙入内心的精神力量能够指引她在追求梦想的征程上一路前行。

程路程

“暖途”之旅　一路同行

程路程，女，中共党员，安徽工程大学人文学院行政管理专业2019级本科生。曾任院团委督查指导部副部长，“暖途”青年志愿者服务社社长。曾被评为安徽工程大学十佳大学生。

端正态度提升思想 志愿服务温暖他人

程路程认真学习党的创新理论，积极向党组织靠拢，并于2021年光荣地成为一名中共预备党员。她热爱志愿服务，大一便加入了“暖途”青年志愿者服务社，坚持周末有空时前往火车站提供志愿服务，为来往旅客答疑解惑，从小小的志愿者逐步成为“暖途”青年志愿者服务社社长。她还积极与芜湖轨道交通相关部门取得联系，开启“小甜橙”的“单轨志愿之旅”。一路走来，她始终坚信：简单的行动，温暖的心意，无私的付出，定会收获满满。三年来她总共前往火车站提供志愿服务约40次，累计服务160多个小时。2021年新生开学之际，她坚持在学校为新生提供帮助，获得2021年校迎新工作优秀志愿者称号；新冠疫情期间，她积极参加抗疫志愿服务活动，获得校“决胜2020”网络文明线上志愿服务活动最佳人气奖。

她带领社团每一位志愿者真诚服务，让“暖途”青年志愿者服务社在2021年获得了校十佳社团、雷锋社团称号，并被芜湖轨道交通团委评为优秀志愿者队。志愿者们根据亲身经历和感受而创作的话剧《小甜橙的一天》获校最佳表演奖、导演奖。

大学以来，她参加了形式多样的“团百花”志愿服务活动，以不同的方式奉献自己的爱心。作为队长，她带领团队开展的“太阳花”——“爱心支教，圆梦1+1”志愿服务项目，获得2020年校级银奖；“和谐花”——火车站志愿服务项目获2021年校级品牌项目；随着与芜湖轨道交通相关部门的合作展开，她积极开创出“风铃花”——平安出行，芜湖轨道交通志愿服务项目，获校级银奖。

大二暑期她带队前往芜湖市湾沚区官巷村开展了暑期“三下乡”社会实践活动，走访当地村民，调研新农村建设中的社区治理与旅游开发相关问题。在团队成员的共同努力下，她带队撰写的项目调研报告《乡村振兴下新农村建设社区治理与旅游开发问题》获校级创意组优秀调研报告二等奖。此外，她还作为队员深入芜湖市龙尾张开展乡村振兴活动，其参加的项目以“乡愁”激活农村——芜湖龙尾张乡村振兴行动，荣获校级公益组一等奖。

无私奉献传递爱心　不忘初心矢志奋斗

她在奉献社会、服务他人中感受着快乐，默默地为构建和谐社会而努力，有一分光，发一分热，让更多的人感受到志愿服务的温暖和魅力，不断用行动践行当代大学生的担当。

她深知学生的本分就是学习，在参加各种社会实践活动的同时，她一点也不放松学习，连续两年获得国家励志奖学金，并获校二等奖学金、三等奖学金。同时，她还积极参与校创业模拟实训，获得优秀奖。

不忘初心，砥砺前行。未来她会继续坚守自己的初心，以时不我待的紧迫感和只争朝夕的精气神，为志愿服务事业添砖加瓦。志愿服务，她一直在路上！

朱锦龙

赋能创业 做青春的"合伙人"

朱锦龙，男，中共党员，安徽工程大学纺织服装学院非织造材料与工程专业2019级本科生。校学生处易班工作站站长，非织造191班班长，校田径队、网球预备队成员，芜湖风达徽程电子商务有限公司总经理、法人。

转变观念　走出“舒适圈”

朱锦龙大学期间成绩优异，综合测评成绩名列前茅，多次获得校奖学金，课余时间积极参加各类学科竞赛、社会实践活动和文体活动，截至2022年3月获省级奖项8项，校级奖项20余项。他积极参与科研实验，用所学解决企业实际生产问题，成功申请并获批多项大学生科研项目。参加暑期“三下乡”社会实践活动，以文化宣传带动革命老区大别山的旅游发展，搭起农家乐和旅行社之间的桥梁，传播红色故事，传承红色精神。他积极乐观，热爱运动，大一被选拔加入院篮球队，大二入选校田径队。

作为校易班工作站站长，他尽心尽责，有想法并能付诸实践。在老师的指导下他组织30余次校级活动，获得“每月之星”等荣誉称号。

作为班长，为增强班级凝聚力，构建团结一致、共同进步的班集体，他积极动员同学们参加运动会，联合人文学院举办篮球友谊赛，组织筹办班级团建，如冬至包饺子、集体聚会等。他带领班级同学积极参与志愿服务项目，获得“团百花”学雷锋志愿服务行动项目银奖1次，铜奖2次。他所在的班级先后获得了先进班级、标兵班级荣誉称号。

实干兴业　做青春“创客”

奋斗是青春最亮丽的底色。作为班长，他深知青年只有志存高远，青春岁月才不会像无舵之舟漂泊不定。所以，他选择自主创业，将个人与青年担当紧密联系在一起。

他的创业之路充满艰辛与坎坷，但更多的是不懈、拼搏。在大二上学期，他注册芜湖风达徽程电子商务有限公司，主做线上物流服务。5个月的时间，他们带动资金流动超15万元，先后合作商户25家，培养核心创业成员12名（其中4名获国家励志奖学金、7名获助学金），先后为80名勤工俭学的同学提供了兼职岗位，共发放薪资超3万元。

创业初期，他们通过对接食堂既有窗口商户，通过微信小程序下单的形式，点对点配送食堂餐饮。结果表明，1个月内他们帮食堂商户提高了1个点的利润率，降低了学生购买校外外卖的频次。运营3个月后，为响应学校“让学生走出寝室就餐”的政策，他建立展销餐车，秉持“吃在楼下，逛在路边，收在眼前”的理念，搭建了生活用品、文化装饰、鲜花、图书、农产品等一体化销售平台，对下楼就餐的同学给予配送费减免优惠。通过开源拓户，半年时间，他的创业伙伴由3人扩充到40人，覆盖校内15个学院，他们的公司由不知名的“小微公司”变为“知名小微公司”，他们成为芜湖高校圈知名的创业团队，吸引外来投资。

“空谈误国，实干兴邦。”他始终着宽广心怀，以积极的心态、不怕吃苦的精神，去拥抱新时代，实现自我价值，为社会作出应有的贡献。

杨广鑫

德业双修　做新时代优秀青年

杨广鑫，男，安徽工程大学机械与汽车工程学院2019级研究生。曾担任班长，获得研究生国家奖学金、安徽合力奖学金等，并获得校优秀学生干部、优秀共青团员、十佳大学生荣誉称号。读研期间发表SCI期刊论文3篇、EI期刊论文3篇，作为骨干成员参与国家自然科学基金项目、安徽省重点研发项目、国家重点实验室开放基金项目各1项，主持校研究生实践与创新项目1项。

坚守信念　走实求学之路

“我经过一段时间的摸索才适应研究生阶段的学习模式。作为一名研究生，不论是掌握课堂知识还是课后研究，都需要自己寻找资料、自主学习。”杨广鑫取得一项项优异的成绩，与他努力坚持，不断克服学习上的各种困难密不可分。谈及战胜困难的方法，他颇有感悟，“转变的过程是煎熬的，需要克服自己的惰性，把学业当成事业来奋斗努力”。正所谓学无止境，心有归舟，正是因为始终坚守着这样的信念，他才从迷茫中逐渐看清自我，努力向前。

超出预想的课题研究、团队成员意见相左……学习的道路上出现了各种各样的困难。面对一个个难题，他转变心态，积极应对。多次战胜挫折的经历不仅让杨广鑫磨炼了意志，更让他明白了躬耕于行的道理。他开展大量的调研工作，阅读相关的文献资料，确保能得到自己满意的结果。一丝不苟是他对自己的负责和对学术的尊重，精益求精是他的理想与追求。过程虽然不乏挫折与失败，杨广鑫却始终用奋斗与坚持书写成功。

甘于奉献　绽放青春之花

“作为学院的一分子，做好科研的同时应当为学院贡献自己的力量。身为当代青年，更应该投身志愿服务，践行我们的使命与担当。”当被问及志愿服务经历时，杨广鑫表示自己记忆犹新的是研究生迎新志愿服务工作。在参加迎新志愿活动的过程中，杨广鑫深刻地感受到奉献精神的传承。从向学长学姐们学习如何开展志愿工作，到自己做了学长又向学弟学妹们传授工作经验，志愿精神一直在传承，激励着一代又一代学子。这也更坚定了他做好志愿服务的决心。志愿服务既是一种挑战，也是实现自我成长的途径。杨光鑫在志愿服务中不断强化责任意识、锻炼实践能力，从志愿活动中汲取前行的动力，用实际行动贡献青春力量。

积极创新　团结共迎挑战

在学习的道路上，杨广鑫一直秉持着创新的精神。他以第一发明人的身份申请国家发明专利7项，主持了1项校研究生实践与创新项目。他还完成了3项关于无人驾驶的专利申请书撰写。道在日新，与时同行，杨广鑫深知创新对于社会发展的重要性，因此他一直注重培养自己的实践创新能力。

“我个人所取得的成果离不开导师的指导和课题组成员的协作。”杨广鑫所在的课题组共有9名研究生，在课题研究过程中他会和导师、同学进行多次讨论，意见分歧在所难免。面对这样的情况，杨广鑫始终认为“课题研究是个严谨的过程，需要我们全身心地投入，不能仅凭一己之见而否认他人的努力”。寻求导师帮助，论证所有方案，分析其中的可行性，在与课题组成员的共同努力下，杨广鑫克服了一个又一个困难。他用反复沟通、讨论和实践，描绘出成功的轮廓。

杨广鑫一直以严谨踏实的学风和精益求精的态度不断向自己的目标、自己的榜样靠近。他以信念为帆，日行千里亦乐此不疲；以执着为桨，困难重重亦未来可期。他将继续用奋斗书写青春底色，用进取担当时代使命！

李文瀚

心有所信 逐梦前行

李文瀚，男，安徽工程大学计算机与信息学院物联网工程专业2019级本科生，曾任物联网协会会长。获2020年中国高校计算机大赛——网络技术挑战赛华东赛区一等奖、第十一届安徽省百所高校百万大学生科普创意创新大赛一等奖、第七届安徽省大学生工程训练综合能力竞赛一等奖等，曾被评为校“三好”学生、十佳大学生。

以学促行 以行践学

“能用自己所学的专业知识自主创业、服务社会，是一件很有意义的事，也有一种别样的幸福。”出于对计算机的喜爱，李文瀚进入安徽工程大学计算机与信息学院物联网工程专业学习。“学习物联网专业，是不能纸上谈兵的，大量的实践至关重要。”“纸上得来终觉浅”，李文瀚深知物联网专业学习的一大特性就是需要大量的实践运用。他协助物联网协会会长完成创业项目，自己组建团队参加比赛，请教老师解决项目中遇到的难题……他一边整理归纳理论知识，一边投入实践，不断积累经验。大量的实践运用，不仅让他在比赛中获得了不少奖项，也促进了他的专业学习。

“追随着学长的步伐，我开始了自己的创业之路。”大二寒假期间，他结合本专业知识以及在学校积累的创建物联网平台的经验，启动了“易联智能”项目。在经历了平台测试、不断优化等一系列过程后，“易联智能”物联网平台正式上线。校友的支持、客户的肯定让他倍受鼓舞。他希望未来做成一家能够服务大众的科技创新公司。逐梦路上，李文瀚怀着一颗赤子之心，笃学尚行、惟实励新。

初心不泯 步履未停

“我现在的成就离不开母校的培养，能用专业知识回报学校令我十分自豪!”尽管已经开发独立平台、注册属于自己的公司，李文瀚也从未骄傲自满于已有的成绩。怀着回报学校的初心，他帮助学校继续教育学院开发比对系统，将老师们从成百上千条数据的筛选比对工作中解放出来；为学校开发成人高等教育学士学位申请系统，减轻了线上信息收集与审核工作的负担；为学校教务处开发证书打印系统，解决了毕业生的证书排版问题并能批量打印。

一直以来，他目标坚定而明确，每行一步都脚踏实地。他利用每一个假期充实自己，学习专业知识，进入公司实习，自学软件制作、硬件开发等知识……人生有涯，师恩无边，他用实际行动诠释“尚德敏学 唯实惟新”的校训，用一颗感恩的心回报母校。

突破自我 均衡发展

“学霸”身份、人气“创作人”、物联网协会会长、爱心志愿者……多种身份的他全面发展，多点开花。

在专业学习之外，他跳出“舒适区”，跨圈“文艺界”。爱好音乐的李文瀚，利用业余时间自学编曲相关知识并进行创作，与网易云歌手合作创作歌曲，斩获千万播放量，收获一大波粉丝。他还受邀成为安徽工程大学“青媒逐马”工作室成员，为学校的融媒事业作出了积极贡献。

在物联网协会会长换届选举中，他凭借出色的能力脱颖而出，担任新一届的会长，组织开展协会新成员的培训活动，带领成员参加各类学科竞赛并取得优异成绩。他富有爱心，热心公益事业，参与“梁钶·暖春”爱心助学公益活动，帮助经济困难孩童改善困境，并且组织动员物联网协会成员为“芜湖妇儿关爱行动”捐款。

坚定长远的目标，踏实果敢的步伐，细致周全的准备，李文瀚用实际行动证明，当代青年的眼中不仅有繁华盛景，更有世间冷暖。青年有梦，不应止于心动，关键要付诸行动。前路漫漫，心怀热爱便不惧山海。

夏　辉

讲好徽程故事　让声音更强劲

夏辉，男，安徽工程大学人文学院法学专业2019级本科生。曾任班级团支部书记、“暖途”青年志愿者服务社副社长、校大学生记者站采访部委员、校全媒体中心采访部部长。被评为十佳大学生。

练好新闻“四力” 讲好校园故事

“世事洞明皆学问，人情练达即文章。”少时热爱读书的夏辉，从曹雪芹的笔下领略贾府的兴衰变迁，也在他的笔下看到这句话，从一开始的不理解，到认识到“对世事洞悉明了也是一门学问，对人情熟悉通达就能化作文章”的含义，这也是夏辉从阅读转向写作的历程。小时候爱读报爱看一些吸引人的故事，现在爱读一些新闻期刊，希望通世间百态知人间冷暖，《人民日报》《中国青年报》《求是》这都是他书桌上的“常客”，而且从开始阅读起他就决定自己有机会一定要动笔写，让自己的文章也被别人阅读。来到安徽工程大学后，他很快就加入了校全媒体中心采访部，在校党委宣传部新闻中心老师的引导下，不断提升“四力”（脚力、眼力、脑力、笔力）。

在全媒体中心采访部工作的两年是他快速学习进步的两年，他从一个懵懂的新闻撰写者逐步成长到整个采访部工作的领导者。两年的时间，他持续配合校党委宣传部采写校内外重大新闻，采写工作涉及学校迎新、运动会、校招会、国家奖学金获得者专访、校庆系列、专业认证报道等。在安徽工程大学校报3、4版个人署名发表非新闻稿件7篇，担任全媒体中心采访部部长并被评为优秀，获校党委宣传部通报表扬一次。

有几次令夏辉印象特别深刻的采写工作。2020年10月，他跟随材料科学与工程学院团委书记前往无为市石涧镇范庄村村部进行自行车捐赠活动，一个女孩拿到自行车后满怀欣喜地说：“我终于有了一辆属于我自己的自行车，以前天没亮就要赶着去上学，现在可以在家多背会儿书再走了。”一个小小行动可能改变一个人的一生，不经意的一句话让他感受到，他可以用文笔记录，为脱贫攻坚出一分力量。2020年12月，他凭借《秋天的第一只螃蟹送给拼搏的你》荣获安徽省第十七届大学生记者峰会消息类二等奖和安徽工程大学第二届校园“好新闻”奖消息类一等奖。

践行专业知识　用心做好公益

对于法学专业的一名大学生而言，除了课堂上的认真学习听讲外，参与专业类比赛也是将课堂上学习的理论运用于实践的重要途径。2020年，夏辉作为安徽工程大学代表队的一员参加了安徽省大学生未来律师辩论赛，通过扎实的专业知识和出色的口才获得优秀奖。参与未来律师辩论赛的过程是一次对于专业知识与口才的考查，也是一次专业课堂外的拓展实践。

他多次参与暑期“三下乡”、“团百花”志愿服务行动等课外实践活动。2021年9月，他带领“据法力争”团队成员参加第七届安徽工程大学“互联网+”大学生创新创业大赛“青年红色筑梦之旅”赛道，他们用法学专业知识帮助同学解决相关法律问题，最终获得创意组三等奖。作为“暖途”青年志愿者服务社副社长，他始终热衷于公益事业，在节假日前往芜湖火车站、芜湖轻轨站开展志愿服务工作，收到全国铁道团委颁发的优秀志愿者证书。作为副社长，他以身作则，带领“暖途”青年志愿者服务社获校十佳社团、雷锋社团称号，他们的原创话剧《小甜橙的一天》获校最佳表演奖、导演奖。

学习党团知识　建设优秀支部

夏辉连续三年担任班级团支部书记，结合自身开展党团工作的实际经验，在团风建设、学风建设、队伍建设、阵地建设等方面守正创新。他始终坚持先“固本强基”再“砥砺前行”的理念，把党团知识学习放在第一位，支部团员向党组织递交入党申请书比例达70%。支部向上级党组织推荐优秀团员23名作为入党积极分子，其中9名入党积极分子被列为发展对象。他积极开展多样化团日活动吸引团支部成员兴趣，2021年4月，他通过组织党史故事演讲比赛开拓团日活动开展新思路，多次作为“优秀团日”活动组织者被推送至学校。2021年6月，他带领法学192班团支部参加“百首红歌献给党”活动，将过去与现代、时装与汉服相结合，拍摄“我和我的祖国”主题视频，并获得校级三等奖。此外，他积极配合班长工作，在大家共同努力下，他所在班级被评为校先进班集体。

未来他会继续笔耕不辍，通过自己的努力不断进取探索、实践创新，为实现中国梦贡献青春能量。

吴海峰

文江学海　勇攀高峰

吴海峰，男，中共党员，安徽工程大学外国语学院英语专业2019级本科生。曾先后荣获全国大学生英语竞赛、全国大学生英语翻译大赛、全国商务英语实践大赛、全国大学生英语词汇能力大赛、全国高校创新英语挑战活动英语翻译赛等多项专业赛事奖项。

遨游专业知识的海洋

踏入安工程的校园，吴海峰像鱼儿游入了知识的海洋。

他勤奋刻苦，脚踏实地，开始了与时间的赛跑；他勤勤恳恳，孜孜不倦，成为优良学风的领头人；他埋头苦干，潜心学习，成为图书馆里的“常客”。

正是不懈的努力和坚持，他的平均学分绩点高达3.7；正是对自己的严格要求，他通过了国际人才英语考试（中级）、英语专业四级考试；正是奋发向上，积极进取，他的学业成绩从班级第三，提升至班级第一，并荣获校优秀学生干部、校“三好”学生等荣誉称号。他的专业素质得到了学院老师的认可，连续两年担任任课教师的助教，是老师的好助手。学习的道路并不是一帆风顺的，吴海峰认为，重要的是克服困难、打磨自己的过程。他相信每一次突破都会帮助自己变得更加完美。

勇攀学科竞赛的高峰

理论知识学习对于打好专业基础很有帮助，但是将书本上学习的知识熟练地加以运用同样重要。吴海峰充分认识到提升研究能力和实践能力的重要性，他积极参加各类学科竞赛，以赛促学，以学促用，将书本知识与专业实践相结合，努力把自己锻造成符合当代社会发展要求的新型外语人才。他获得了2020年全国大学生英语竞赛一等奖、2021年全国大学生英语竞赛二等奖、2022年全国大学生英语竞赛二等奖、2021年全国大学生英语翻译大赛省级一等奖、2021年“高教社”杯全国商务英语实践大赛华东区域赛三等奖、首届“外教社·词达人杯”全国大学生英语词汇能力大赛省级特等奖、2021年第三届全国高校创新英语挑战活动英语翻译赛三等奖等多项专业奖项。面对这么多奖项，吴海峰谦虚地说自己并没有什么过人之处，也没什么所谓的学习英语的“独家秘籍”，有的只是长久的坚持。他认为，对于英语这种语言类的学科，拥有正确的态度和持之以恒的信念很重要。除了这些与自身专业相关的竞赛，他还参加了许多其他类别的竞赛，努力促进自己各种能力的提高。尤其是在2021年举办的安徽工程大学首届研究生案例研究大赛中，吴海峰在专业老师的推荐下，作为唯一一名本科生，与研究生同台竞技，最终也取得了比较满意的成绩。

胸怀青年使命与担当

英语已经融入了吴海峰的生活，但是他在追求英语深度学习的同时也注重自身的全面发展。大一上学期他就递交了入党申请书，并顺利发展为中共党员。大二期间担任寝室长，他积极主动地帮同学解决学习和生活中的困难，在他的影响下，整个寝室的学习氛围更浓了。大一暑假期间，吴海峰自主实习，在补习班教小学、初中的课程，用自己的知识帮助他人，奉献社会。吴海峰希望自己成为一名英语老师，在英语学习的道路上他不会停步，将会不断追求，不停攀登。

2021年，吴海峰主持了“芜湖文化外宣翻译实践与创新研究”大学生创新创业训练计划项目，并获得省级立项。2022年，吴海峰主持了“面向英语专业学生的美国人权污点调查实证研究”大学生科研项目，并获得校科研项目立项。

青春是生命中最华丽的裙袂，在最美的年华里，吴海峰努力书写着属于自己的青春之歌。他的大学生活充满了拼搏的汗水与坚持不懈的奋斗，辛勤的耕耘终于换来了金秋的硕果累累。回首昨天，曾经的付出与荣誉已经被时光雕刻成了历史；把握今天，百尺竿头，更进一步；展望明天，心怀梦想，开创未来！吴海峰在全面发展的基础上，厚德博学、求实创新、勤奋钻研、勇往直前。在未来的日子里，他一定能够继续保持当前的态度，继续勇往直前，奋发向上，充分展示当代大学生的风采！

李元昊

不惧风雨 扬帆起航

李元昊，男，中共党员，安徽工程大学设计学院广告学专业2019级本科生，曾任班长。曾获得国家奖学金、国家励志奖学金、鑫龙奖学金，连续三年获校特等奖学金，获全国大学生广告艺术大赛安徽赛区一等奖、第三届安徽省优秀公益广告大赛三等奖等，被评为“三好”学生标兵、优秀学生干部。

不忘初心　信念之力催人前行

作为一名中共党员，他始终不忘初心、牢记使命，在他心里一直记着这样一句话，“人民有信仰，国家有力量，民族有希望”。新时代的青年大学生要不断提高自己的思想道德素质，在思想上、政治上、行动上积极向党组织靠拢。他密切配合所在党支部、班级团支部做好相关工作，认真学习贯彻党的二十大精神，时时刻刻以优秀党员的标准严格要求自己，发挥党员的先锋模范作用。同时，作为班长，他在日常生活与学习中热心为大家提供帮助，积极和专业老师交流沟通，搭建好班级同学和老师间的沟通桥梁，带领同学们积极完成学业任务，丰富大学生活。大学四年时间里，他带领广告191班荣获先进班集体、标兵班级等多项荣誉称号，得到老师和同学们的一致好评。

无畏风雨　追梦之路惊喜不断

他在学习方面始终以提升自己综合实力为标准，认真学好每一门课程，踏踏实实走好每步路，学分绩点一直在专业名列前茅，学业成绩位于班级第一，荣获国家奖学金、国家励志奖学金、鑫龙奖学金，连续三年获校特等奖学金。

他积极参加专业赛事，曾获全国大学生广告艺术大赛优秀奖，安徽赛区一、二、三等奖共计6项，第三届安徽省优秀公益广告大赛三等奖，芜湖市第二届优秀文创产品设计大赛二等奖等。在创新创业方面，他主持国家级大学生创新创业训练计划项目和省级大学生创新创业训练计划项目各1项，并在省级刊物上发表学术论文两篇。

扎实学习专业知识之余，他还积极学习诸多软件技能，增长自己的见识，提升自己的能力。学习平面设计软件制作宣传海报，学习视频剪辑软件制作视频音频，学习书稿排版软件整理书稿内容等，并且在各大赛事、班集体活动中取得一定成果。一次次修改完善，一次次推倒重来，充满挑战的学习之路，他走得毫无畏惧，他知道这条路是他所热爱的、所梦想的、所追求的，他相信自己一定可以坚持下去，这条路也会不断给自己带来惊喜。

扬帆起航 积极乐观笑对生活

“只要启航，生活自有流向”是他一直牢记心里的一句话，也正是这句话，让他在面对困难与挫折时总能乐观向上，积极进取。他在2021年10月组织了“心之所向 即为故乡”的系列校园活动，将义卖所获得的爱心款项和一些书籍捐给南陵县三位有困难的小学生。此外，他还积极参与多项“团百花”志愿服务行动和暑期“三下乡”社会实践活动，所在的团队荣获校级金奖、一等奖等。

通过这几年的实践与付出，他希望能带动更多的人参与到志愿活动之中，为公益事业贡献自己的一分力，他也明白助人为乐的意义与积极生活的价值，在学习生活中经常为同学和老师热心服务。刻苦钻研和踏实肯干让他无惧风雨扬起了理想的风帆，用心努力永不停止。

因为有憧憬，所以满怀希望；因为有梦想，所以他不懈追梦。他深知未来的学习成长之路还很漫长，唯有不放弃、不言败，用青春、激情、努力不断锤炼自己，扬起帆、逐起浪，生活肯定有明媚的流向。

代　鑫

做最好的自己

代鑫，男，中共党员，安徽工程大学电气工程学院自动化专业2020级本科生，曾任班级文体委员、学院团委理论宣传部副部长、新生学长导员。获得“西门子杯”中国智能制造挑战赛安徽赛区一等奖、安徽省大学生电子设计竞赛二等奖、“圆梦杯”全国大学生智能硬件设计大赛二等奖、安徽省“互联网+”大学生创新创业大赛铜奖、校第十八届“瑞德杯”电子设计与制作大赛一等奖等。

笃定信念　勇毅前行

代鑫一直坚信信仰就是力量，青年人就要有责任担当。进入大学后，他主动递交了入党申请书，积极向党组织靠拢。认真学习党的理论知识，在入党积极分子培训班和发展对象培训班中均荣获优秀学员称号。他不骄不躁、虚心向师长学习，通过实践活动不断提升自己服务他人的能力，课余时间积极参加“望日莲”科技馆科普志愿服务队，在芜湖科技馆为小朋友们讲解科普知识。他还结合专业优势参加“满天星”家电维修进万家志愿服务队，多次前往芜湖市三山区团洲村等地开展家电维修以及用电安全宣传活动，将温暖传递给大家。

勤学善思　积极进取

代鑫目标明确、踏实勤奋，学业成绩常年保持专业第一。同时，课堂内外积极与老师和同学们互动讨论，夯实专业理论知识。大一时，他就通过了层层选拔成为电子科技协会的核心成员。在协会里，他总是向指导老师与学长虚心请教，认真学习单片机 、EDA 设计与开发等，初步掌握了 Altium Designer、立创 EDA、Keil uVision5 等软件的使用方法。大二时，他通过努力加入了智能控制协会，得以专心研究工业网络通信实训系统，初步掌握了 TIA Portal、PRONETA、Wireshark 等软件的使用方法。遇到技术上的困难，他总是反复推敲论证、复盘思考，积极与协会成员探讨解决方案。课余时间，他经常待在电气楼实验室里，学习各种技术加强设备实操。他和队友们常常很晚才离开，实验室里温馨的灯光是他们美好的回忆。他利用所学积极参加各种比赛，全国大学生电子设计竞赛和“西门子杯”中国智能制造挑战赛让他感触很深。这些比赛提高了他处理问题的能力，锻炼了他的心理素质，增强了他的团队协作能力，更重要的是让他对所学的专业知识有了更深层次的理解与感悟。

坦诚负责　敢于担当

作为班级文体委员，他为同学们策划了“奋斗青春　有你真好”“挥动激情　秀出自信”两场大型户外活动，充分调动了同学们的积极性。同时，他带领同学们参加了电气工程学院纪念“一二·九”运动合唱比赛，还参加了电气工程学院第三届拔河比赛并获得了三等奖。在活动中，他团结同学，助力增强班级凝聚力。

作为新生学长导员，他经常与新生谈心交流，全方位为他们解答各种学习、生活以及情感方面的问题，跟他们分享学习经验，以周到的服务赢得了同学们的广泛认可。

作为学院团委理论宣传部副部长，他专心工作，将周工作计划表、周工作总结表按时汇报给老师。为了加强同学们的思想教育，他与部门成员持续跟进“青年大学习”工作，参与策划了电气工程学院“请党放心　强国有我”“以史为鉴　砥砺前行”等主题团日活动。为了丰富同学们的业余生活，他参与策划了电气工程学院第二届夜跑、第二季月跑行动以及师生共读经典等活动。他还积极协助其他部门举办活动，为电气工程学院注入新鲜活力。

认识代鑫的同学都说，懂得感恩、乐于助人、谦虚好学、勤奋上进的他，未来定有星月相伴，云彩将会纷至沓来，在新的征程上必将创造出更加耀眼的辉煌！

朱哲枭

立足专业所学　致力科技创新

朱哲枭，男，中共党员，安徽工程大学机械与汽车工程学院机械设计制造及其自动化专业2020级本科生，曾任班级团支部书记。曾获安徽省大学生年度人物提名、国家奖学金、校一等奖学金，被评为安徽工程大学优秀学生干部、科研活动标兵。以第一作者身份获得A类赛事国家三等奖2项、B类赛事国家一等奖1项，获发明专利1项、实用新型专利4项等。

强化理论武装　坚定理想信念

大学伊始，朱哲枭主动申请担任班级团支部书记一职，积极服务同学，在带领班级同学保质保量完成任务的同时，自身做到了狠抓实干，大一学年综合测评成绩位于专业第一，大二学年学业成绩位于专业第一。为了拓展视野，他主动申请学习“大学德语”“机器学习”“模式识别”等课程，专业基础课与核心通识必修课等22门课程满绩，GPA达到了3.79/4，获得校一等奖学金和优秀学生干部、科研活动标兵荣誉称号。

他积极带领班级同学学习党的有关知识，策划开展相关实践类团日活动，在实践中学习党的基本理论和政策，获得了较好的学习反馈，相关事迹被安徽工程大学团委等平台宣传。与此同时，对于班级内成绩较落后的同学，他还在班级内制定了学习帮扶策略，借助新媒体平台帮助同学进行“画法几何及机械制图”课程辅导，以朋辈之力助力班集体进步。

踏踏实实做事　勤勤恳恳为学

作为工科学生，他深知“实践是检验真理的唯一标准”。他自学“工程力学”部分课程，精心设计出“液压动力万向关节”，该作品获得第十届全国大学生机械创新设计大赛三等奖、中国大学生机械工程创新创意大赛——第十三届过程装备实践与创新赛一等奖。他还积极组建设计团队，设计推出“新型电动四轮汽车”，并获得第十五届全国大学生节能减排社会实践与科技竞赛三等奖。他以第一发明人身份获4项实用新型专利和1项发明专利授权，其中“一种内嵌式液压动力万向关节”，仅用6个月就被授予发明专利权。

为了巩固自身所学，他参加了安徽省大学生力学竞赛，并获得了三等奖。除此以外，他还负责给其他科创设计团队进行理论设计计算的校核与设计指导，且都取得了不错的成绩。

立足实践长才干　投身社会勇担当

由于身体素质较差，他曾多次出现室上性心动过速，在暑假调养时他发现社区工作人员皖事通平台信息采集工作效率低，为此，他志愿在社区开展培训工作。新冠疫情期间，他发现核酸检测操作烦琐、样本易交叉污染等问题，于是开展调研，最终设计出一种“集成式核酸咽拭子单采采样管”，并申请发明专利。

立足专业所学，致力科技创新，正是有着对专业的热爱和对社会的高度责任感，他才能够在科技创新的路上越行越坚定、越行越久远。

江佛燕

追光的人　终会光芒万丈

江佛燕，女，共青团员，安徽工程大学计算机与信息学院数据科学与大数据技术专业2020级本科生。曾任校大学生艺术教育中心副主任、校大学生艺术教育中心主持部副部长，校青年讲师团成员，安徽省演讲学会大学生理事会会员。先后主持校内大型活动20余场，累计观众达20000人次。曾赴六个学院的班级团支部和社团团支部主讲团课，开展理论宣讲十余场，覆盖学员2000多人，并受邀赴芜湖市北塘小学发表学雷锋纪念日主题演讲，单场受众超过5000人。策划、编排、主演的《那一年，中国青年正十八》《长津湖的冰雕》《青春万岁》等优秀朗诵、话剧表演文艺作品呈现在校、省级等舞台上。积极参加各类演讲比赛，获全国类奖项1项、省级奖项9项，市级、校级奖项40余项。策划并参与制作多个抖音网络平台作品，其中单条抖音视频浏览量破200万，点赞量超30万。策划并参与拍摄的多个宣传作品在安徽共青团等新媒体上发布。

进入大学以来，江佛燕投身语言类文艺创作表演，以舞台为大本营，通过主持、朗诵、话剧、辩论、演讲、宣讲等艺术形式展示、传播新时代我校青年向上向善的精神风貌，以美育实践带动大学生思想引领和精神塑造。

以专长和热爱培育扎实的语言类文艺功底

在浓厚兴趣的驱使下，大一伊始，江佛燕经过选拔顺利进入校大学生艺术教育中心，经过专业培训和刻苦训练，她很快成长为语言功底扎实、文艺能力突出的核心骨干主持人。她先后主持或参演了全校迎新晚会、中秋晚会、“十佳歌手”大赛、校毕业生欢送晚会、五四表彰大会等近20场活动，累计观众达20000人次。以精彩的主持在迎新晚会上为全校6000余名新生讲好大学文艺的第一课、带领新同学见证我校悠久的历史和多彩的“第二课堂”美育实践；以专业过硬的主持本领在校“十佳歌手”大赛决赛中把控盛大、紧凑的比赛节奏，在台前完美应对突发事件；在全校毕业生欢送晚会中通过主持将母校最美好的祝愿现场传递给每一位毕业生。她的主持水平得到了观众和演职人员的肯定和一致好评。

以舞台素养与精神表达呈现丰富多元的语言类艺术魅力

在长期的舞台锻炼实践中，江佛燕对语言类文艺事业也有了更深刻的认识和思考。从主持到朗诵、话剧，她用专业功底服务精神表达，主导、创作、编排、主演了一系列语言类文艺节目，以《那一年，中国青年正十八》《长津湖的冰雕》《青春万岁》等为代表的众多优秀的朗诵、话剧表演作品出现在校、省级等舞台上，在安徽省大学生艺术展演、安徽省“喜迎二十大”文艺汇演、安徽省“诵读中国”经典诵读大赛、安徽省大学生诗文朗诵比赛、首届安徽省信用故事大赛等赛事中均获奖。

其中，她主导、编排和主诵的情景朗诵节目《那一年，中国青年正十八》在省级和校级舞台演出近10场，成为2023年我校大学生语言类节目的重要代表之一。

突出的语言表达能力也让她在辩论的赛场上大放光彩。在第一届核动力杯网络辩论赛中，以江佛燕作为主要辩手之一的安徽工程大学代表队在全国48支队伍中夺得季军的好成绩。在芜湖市三校辩论赛中，我校辩论队获得“最佳团队奖”，江佛燕获得“最佳辩手奖”。

以语言本源与思想引领表达青年人的价值追求

艺术的前进方向往往在于回归本源，而她也将自己对语言类艺术的坚持扩展到了更考验专业水平和思想深度的演讲。2023年2月，江佛燕从近百名选手中脱颖而出，在第六届安徽省大学生主题演讲比赛中获得决赛二等奖，并因出色的演讲水平和表现受邀加入安徽省演讲学会，成为大学生理事会成员。此外，她还在各类省、市、校级演讲比赛中获奖。

做坚定的青年马克思主义者是江佛燕作为新时代青年坚定的政治信仰。她在学校思想政治类五星级社团——青年启航社积极进行政治理论学习，同时主动加入校青年讲师团，将自己的文艺素养、文艺经历和追梦故事融入到理论宣讲中，以更生动的形式创新推进文艺式宣讲。

以讲好徽程故事为出发点，将所学所思所感与青年责任担当相结合。江佛燕还热衷于短视频制作，参与制作的短视频作品在抖音账号“安徽工程大学”浏览量超200万，点赞量超30万。此后，她参与制作的2022年毕业季MV作品《ByeBye徽程》在安徽共青团官方视频号发布，参与策划2023年毕业季MV作品《知足》、2023年教师节献礼短片《人民教师　您好》、2023招生宣传特辑等作品。同时，江佛燕利用个人抖音账号，发掘校园美景，展示徽程风采，对学校先进人物事迹进行宣传，个人累计作品点赞量破万，浏览量破十万。

以文艺事业与青年使命助力青年成长成才

从一名出色的骨干大学生主持人，到主持部门工作的主要负责人，再到校大学生艺术教育中心的主要负责人，江佛燕的成长与责任担当同向。她主动发挥模范带头作用，积极谋划团学文艺发展，带领大学生艺术教育中心学生骨干在2021年和2022年连续两年的新生军训中开展“下连队”文艺演出活动，引领更多的大学生了解文艺、关注文艺、欣赏文艺、加入文艺，该文艺活动也得到了大江资讯等媒体直播报道。她还担任新生才艺大赛评委，指导校、院两级语言类表演节目，在她的努力付出下，校、院两级实现了资源互通，联系更为密切，一批具有语言类文艺爱好和天赋的学生涌现，形成了以她为核心的优秀的大学生文艺骨干和团队。

她一直活跃在学校团学美育工作一线。在参加各类省级文艺活动、比赛、培训和交流中，她积累了丰富的文艺创作、艺术表现和工作经验。返校后她将自己在各类比赛、培训中的所思所感所悟无私地传授给其他同学。她还积极开展团学文艺工作座谈和交流，把最新文艺理论和优秀、具体的文艺技巧和形式带回学校，将更多更好的文艺活动和作品辐射到更广泛的大学生群体中，践行新时代青年大学生的价值追求和使命担当。

江佛燕坚持主业优先、全面发展，积极参加各类专业学术竞赛。她的科研成果作品“基于消能原理的新型抗震挡土墙工艺”在第八届安徽省“互联网+”大学生创新创业大赛中获得高教主赛道银奖，她还获得2022年安徽省大学生市场调查与分析大赛三等奖。

“文运同国运相牵，文脉同国脉相连。”文艺是时代前进的号角，最能代表一个时代的风貌，最能引领一个时代的风气。在大学学习生活期间，江佛燕将最美好的时光与她喜爱的舞台紧密相连，用热血豪情书写新时代的校园文艺作品，将自己对文艺事业的热爱转化为实际行动，努力使自己成为一名全面发展、素质过硬的优秀大学生，用实际行动展现我校“三全六专”取得的丰硕成果。

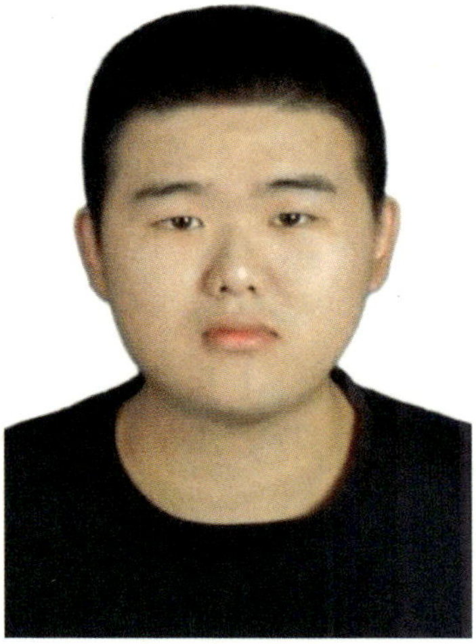

江　宁

遇见更好的自己

江宁，男，共青团员，安徽工程大学电气工程学院自动化专业2020级本科生，曾任校数学建模协会总顾问、校团学综合办公室学风建设部副部长，曾获国家励志奖学金、安徽合力奖学金等。曾获第八届中国国际“互联网+”大学生创新创业大赛全国铜奖、美国大学生数学建模竞赛一等奖等10余项国家级、省级奖项。荣获2022年度安徽省“百优大学生”、校科研活动标兵、优秀青年志愿者等称号。参与1项国家级大学生创新创业训练计划项目、主持1项省级大学生创新创业训练计划项目，发表论文2篇，获软件著作权1项。

一心向党 矢志不渝

江宁在思想上积极进取。在高中阶段便参加学校举办的业余党课，大学刚入学便递交了入党申请书，成为第一批入党积极分子。他积极学习党的理论，时刻以中共党员的标准严格要求自己。

他积极响应家乡团委的号召，加入了安庆市迎江区扬帆计划，深入基层调研，获得了社区居民、领导的一致好评。在实习之余，他帮助安庆师范大学的学生完成社区调研项目，获得安庆师范大学老师的肯定。他连续两年参加学校的假日思政活动，均获得校一等奖的好成绩。

敢闯会创 逐梦科研

铸创新之剑，燃青春之火，是对他大学生活的总结。他在大一下学期便获得了“中国电机工程学会杯”全国大学生电工数学建模竞赛国家级一等奖（B类赛事），刷新了该赛事学校获一等奖学生的最低年级。大二寒假，他和队友奋战四天三夜，最终斩获了美国大学生数学建模竞赛一等奖（B类赛事），获奖事迹被安徽新闻网、芜湖市人民政府、安徽工程大学官网等多个平台报道。他13次参与数学建模竞赛并全部获奖，获奖率100%。他把数学建模竞赛中取得的成果进一步转化，并成功发表论文。

他还响应国家的号召，敢闯会创，积极参与创新创业竞赛。在第八届中国国际“互联网+”大学生创新创业大赛中，参与“育鸭有道”团队的研究，项目获评全国铜奖（A类赛事）。在首届安徽省乡村振兴创新创业大赛中，作为团队负责人，带领团队斩获一等奖。

同时，他还参与麻鸭视觉感知项目的研究，在SCI期刊《Agriculture》上发表1篇论文。2022年暑假，他入选了中国科学院合肥物质科学研究院与中国科学技术大学研究生院联合举办的大学生科创计划，参与基于深度学习的尿液健康标志物识别的工作。

事必躬亲　兢兢业业

科技创新，贵在接力，不仅要做科技创新的开拓者，更要做提携后学的领路人。他任校数学建模协会总顾问期间，积极带领同学们“学起来”。他多次参与讲座、培训，累计听众近千人次。他也将自己的竞赛经验分享给学弟学妹，在2022年亚太地区大学生数学建模竞赛中，作为指导老师，他带领学弟学妹获得一等奖。同时，他还与大连海事大学的同学分享自己在美国大学生数学建模竞赛中的经验，助力高校数学建模事业的发展。

在任校团学综合办公室学风建设部副部长期间，他坚持以正确的舆论引导同学，以优质的活动服务同学，以丰富的活动锻炼自己。他主要负责校考研教室的管理并提供服务、校大学生辩论赛的策划与举办、大一晚自习的检查、卓越工程师学院校区思想动态调研等活动，辐射万余人。

饮水思源　志愿青春

他在求学的道路上多次获得过社会与学校的帮助。既然受惠于社会与学校，则应学会感恩与回报。

他积极参与志愿活动，高中阶段便加入了安庆二中I DO志愿者社团、安庆市团委青爱飞扬志愿者联盟；大一刚入学，便选择成为“含笑花”公益N+1志愿服务团队的一员，其参与的“海芋花”项目获评第十季“团百花”学雷锋志愿服务行动项目银奖。累计劳育学时347个，他被评为校优秀青年志愿者。

他谨记习近平总书记的教诲：“广大科技工作者要把论文写在祖国的大地上，把科技成果应用在实现现代化的伟大事业中。”他扎根乡土，将自动化专业知识应用于农业生产中，利用自身学科优势服务“三农”。参与异常猪声识别、麻鸭视觉感知等技术的研究，在提升学科素养的同时，也增长了自身本领，其事迹曾被中华网等媒体报道。他多次参加暑期

“三下乡”社会实践活动，撰写的调研报告《关于人工智能助力智慧养殖的探索》获评校暑期“三下乡”社会实践活动优秀调研报告三等奖。该项目的衍生项目也获得了安徽省乡村振兴创新创业大赛一等奖、第八届中国国际“互联网+”大学生创新创业大赛省级银奖。同时，他受到了全国优秀共青团员周宇航学长的影响，参与公益捐赠圆梦困境儿童“六一微心愿”活动。他还参与了联合国儿童基金会的月捐计划，帮助孩子们规划更长远的未来；加入了安庆市迎江区青年志愿者协会，为家乡的发展贡献自己微薄的力量。

当代中国青年生逢盛世，肩负重任，他牢记习近平总书记的重要指示精神，以“咬定青山不放松”的韧劲、“不待扬鞭自奋蹄”的干劲、“不破楼兰终不还”的拼劲，在攀登知识高峰中追求卓越，在肩负时代重任时行胜于言，在真刀真枪的实干中成就一番事业。他坚信不久的将来，终会遇见更好的自己。

吴雨佳

青春就要热辣滚烫

吴雨佳，女，中共党员，安徽工程大学生物与食品工程学院微生物学2020级研究生。曾任校团委学生兼职副书记等，连续两年专业排名第一，研究生期间发表论文三篇，申请发明专利一项。酷爱文艺创作、热心文艺活动，共斩获国家级奖项2项，省部级奖项13项，地市级和校级奖项81项，是学校在该类比赛中最高奖项纪录的保持者。课余时间带头组织团队参与理论宣讲、社会实践，认真参加主题征文、演讲等活动，并被安徽卫视、太和教育频道等主流媒体报道。

吴雨佳是生物与食品工程学院微生物学专业2020级研究生。圆圆的梨涡和爱笑的眼睛，似乎都让她天生与文艺创作结下难解的缘分，她从大一就开始担任迎新晚会的主持人，一直活跃在校园文艺创作的路上，并取得了突出的成绩。“文艺创作之星”成为她的不懈追求。

以业为本　尚德敏学　躬行实干

担任校团委书记助理、安徽工程大学十九大精神学生报告团副团长、青年起航社社长、中青网安工程通讯站小组负责人、班级团支部书记等，这些学生干部经历都是她大学生活中重要的成长足迹。但是，最绚烂的一笔莫过于她的校园主持经历。

刚刚进入大一时，她就凭借着中学时期参加省市县级演讲、朗诵活动的经历，以及多年的舞蹈功底，成功竞聘为2016级迎新晚会的新生主持人，并且在这个舞台上一站就是七年。“不忘初心、砥砺前行”这是她经常挂在嘴边的一句话，在大二的时候她还代表学校前往大连参加第三届“艾尔建杯”微电影大赛并获全国四强。与此同时，她也在芜湖广电《学长学姐陪你逛校园》栏目中担任主播，为学校拍摄招生宣传视频；连续两年主持“我与校长面对面”活动，通过睿智得体的主持，使学生代表和校长深入交流，维护了安工程学子的相关权益。最让她难忘的是在2018年教育部本科教学审核评估专家进校期间，她撰写了专家集体走访的校园讲解稿，并作为唯一的学生代表担任车载讲解工作，用良好的精神状态和丰富的人文情怀，为学校的发展贡献了一分力量。

主持人，往往被称为舞台上的“无冕之王”，可是，欲戴王冠必承其重，很多人对主持人的印象停留在“光鲜亮丽”上，却往往忽视了他们背后的艰辛。2016年9月第一次登上学校迎新舞台后，在校内外各类大型文艺晚会上，她开始崭露头角，从新生才艺大赛到十佳歌手大赛，从三民晚会到五四颁奖典礼，一路走来，她和小伙伴们一起见证了一场又一场的视听盛宴，她也在日耕不辍的模拟主持以及形体训练中，磨掉了青涩与稚嫩。经过一层层的蜕变，她终成为那个同学眼中侃侃而谈、大方得体、睿智靓丽的校园主持人。

为了一场文艺演出、一次演讲比赛、一次节目主持、一次宣讲，她都会认真查阅资料、撰写稿件，并向老师请教，请同学帮助，一遍一遍修改，直至自己满意。她用实际行动向我们展示了“以业为本”。人一旦把一项兴趣爱好当作事业，所有的艰难都化为努力的动力和源泉。短短一年，实现蜕变，离不开老师们的殷切指导、学长学姐们的亲身示范，更离不开她超强的学习热情和踏实的实践精神。尚德敏学，她一直坚持着！躬行实干，她一直践行着！

以梦为马　锲而不舍　持之以恒

习近平总书记曾说过“文艺是时代前进的号角”，她深受鼓舞，将文艺创作作为梦想追求的同时，也将文艺创作和学生工作紧密地结合起来。每次活动结束后，她都将自己的所得所想所感所悟写下来，累计在中青网、今日芜湖、当代大学生网、搜狐网、安徽工程大学校园网等媒体上发表稿件120余篇。当校内越来越多的人认识她、认可她后，她组织学生宣传骨干紧紧围绕习近平新时代中国特色社会主义思想、时政热点开展理论宣讲、社会实践、主题征文等活动20余次。她在安徽省教育厅举办的《习近平的七年知青岁月》读书征文活动中获二等奖。

2018年暑期，她带领的“走进新时代”党的十九大精神宣讲小分队走进机关、学校、企业、基层，因宣讲范围广、效果好，被太和教育频道报道，并在第四届安徽省“互联网＋”大学生创新创业大赛中获得“青年红色筑梦之旅”赛道铜奖，其中她个人宣讲场次达14次，累计辐射人员1000余人。她参与的生化学院赴小岗村乡村振兴暑期社会实践小分队获安徽工程大学2018年暑期“三下乡”社会实践活动暨第四届“互联网+”大学生创新创业大赛“青年红色筑梦之旅”赛道（以下简称“校2018年‘三下乡’”活动）一等奖、生化学院赴金寨县龙马村公益帮扶小分队获校2018年“三下乡”活动二等奖，“DIY手工饰品”项目获校第四届“互联网+”大学生创新创业大赛暨安徽省选拔赛创意组三等奖。凭借着在舞台上不断锤炼的临场应变能力和文字信息处理能力，以及在专业学习领域中的刻苦努力，她和她的团队创新性地提出了一种耦合现代栽培技术的农村生态污水处理工艺，历时6个月，从176件作品中脱颖而出，获“安徽合力杯”安徽工程大学第九届大学生课外学术科技作品竞赛入围奖。

习近平总书记说过，文艺最能代表一个时代的风貌，最能引领一个时代的风气。单就文艺创作而言也许是单一的，创作的过程是充满挑战的，但文艺创作的过程中所锻炼出来的品质却是多元的。文字信息的处理能力、全局的统筹规划能力、情感的渲染表达艺术、坚守创作的孤独和诚信等都是新时代青年需要掌握和坚守的。“文变染乎世情，兴废系乎时序”，这些品质的不断锤炼，让她有了接受多元化挑战的能力和担当。第十二届“讯飞杯”安徽省大学生诗文朗诵比赛三等奖、第十三届“讯飞杯”安徽省大学生诗文朗诵比赛二等奖、第十六届“讯飞杯”安徽省大学生诗文朗诵比赛一等奖，从三等奖到一等奖，从大一到研三，逆风翻盘不是突发奇想，而是心中有梦。终于在2020年8月，她的作品《英雄》荣获中华经典诵写讲大赛“诵读中国”经典诵读大赛安徽赛区大学生组二等奖。紧接着在2022年10月，她的另一作品《吹号者》在安徽省教育厅、安徽省语言文字工作委员会举办的第四届中华经典诵写讲大赛“诵读中国”经典诵读大赛安徽省预选赛中获得大学生组一等奖，刷新了学校在该类赛事中的最好成绩。

奖项的增加不仅仅代表实力的增强，更体现着她对文艺的热爱，对梦想的坚持！一步一个脚印，锲而不舍、持之以恒，因为她相信以梦为马，方能不负韶华！

以心为剑　风雨无惧　筑梦未来

不抛弃、不放弃、能吃苦、敢承担，正是这样的工作作风让她在一场又一场活动中，收获一段又一段友情和成长，先后被评为军训先进个人、“学习宣传贯彻党的十九大精神”学生先进个人、脱贫攻坚第三方监测评估先进个人、安徽省青年马克思主义者培养工程大学生骨干培训班优秀学员、安徽工程大学青年马克思主义者培养工程大学生骨干培训班优秀学员，连续三年获优秀团干称号，学生工作年终测评均为优，研究生期间连续两年被评为优秀学生干部等，这些正是文艺创作过程中培养的品质、能力和特长带给她的进步和荣誉。

以心为剑、风雨无惧，筑梦未来，她永远在路上！

郑乐飞

按部就班 步步为营 久久为功

郑乐飞，男，安徽工程大学机械与汽车工程学院机械设计制造及其自动化2020级本科生，曾任班长、安徽工程大学"四色依米花"环保团队负责人，机械创新设计协会委员，芜湖市生态环境保护志愿者协会(5A级社会组织)志愿者等。曾获国家励志奖学金、第十六届全国大学生节能减排社会实践与科技竞赛三等奖、第十届全国大学生机械创新设计大赛慧鱼组三等奖、第十八届"挑战杯"全国大学生课外学术科技作品大赛三等奖。

在专业学习中，用心探索实现成果转化

郑乐飞总是抱着一个学习的心态，努力成为“创新家”。在参与学科竞赛和创新创业的历程中，他始终保持兴趣、热情和认真学习的态度，注重团队成员间的沟通交流，享受不断碰撞思维并创新的过程。他参加全国大学生节能减排社会实践与科技竞赛、大学生创新创业训练计划项目等并获国家级奖项5项，参加第十届“挑战杯·华安证券”安徽省大学生创业计划竞赛等并获省级奖项10项。此外，他作为法人注册并运营公司2家，获芜湖市大学生创新创业补贴。他还获得芜湖市第三届青年志愿服务项目大赛优秀奖、第三届“智汇中江”芜湖市大学生科技创新创业大赛铜奖等。

在环保志愿服务行动中，传承发扬雷锋精神

2022年初，他在中国共青团成立100周年之际，正式成为一名共青团员，并被评为2022年度优秀共青团员。他积极投身大学生志愿服务实践，在校内担任“四色依米花”环保团队总负责人，组织大学生志愿者团队在校内开展了一系列特色环保实践活动，如举办第一届校园美化劳动实践教育活动，在校劳动教育周开展清理校园垃圾桶、张贴宣传不干胶标语和清理附近垃圾等校园活动共计20余次，发展校园志愿者共计228人。在芜湖市鸠江区“打造最干净城市”、创建省级文明城区、社区暖民心等主题志愿服务中，牵头联合学院、“团百花”的青年志愿者队伍在鸠江区清水街道万春社区组织开展活动共计33次，招募组织214人社区志愿者专项队伍，参与社区服务活动志愿者人数超200人。

在暑期“三下乡”社会实践中，展现新时代青年社会担当

他连续两年带领团队开展大学生暑期“三下乡”社会实践项目6项，其中组建团队实地到访了阜南县王店孜乡、亳州市利辛县（城镇化进程

中农村包地现象调研）、芜湖市鸠江区万春社区（“四色依米花”青春合伙共创生态环保城市实践和“旧物再回收，垃圾可利用”文明实践集中日活动）、芜湖市经开区雅苑小区（社区垃圾分类和智能技术手段资源化回收工作调研）、赤铸山社区万科城小区（芜湖市社区智能化垃圾分类设施使用情况调研）、芜湖市住建局排水处办公室（芜湖市路面防沉降井盖使用情况调研）开展实践活动。同时，他还参与了万春社区的“鸠暖民心”服务、疫情防控、入户宣传和七彩假期之暑期夏令营等多项社区特色活动，多次获社区表彰。

在2022年大学生暑期“三下乡”社会实践活动中，他撰写的调研报告获校级优秀调研报告，他带领团队获优秀团队称号，他个人被评为优秀个人等。他参与实践类活动被芜湖文明网、芜湖新闻联播、安徽文明网和中国青年网等多家媒体报道。

在参与社会公益活动中，不断拓宽视野

他也是芜湖市生态环境保护志愿者协会的一名环保志愿者，参与组织了探秘江东水生态公园、探秘西河古镇水源地、探访水源地、漫步十里密林、探寻江湾的原住民等一系列公益环保教育活动，参与芜湖市垃圾分类设施使用情况社会调研、第三届皖江流域生态环境保护多元共治论坛志愿者服务等社会实践活动。他还参加了第五届SME苏州国际机床展，在2023年机械工业大型重点骨干企业发展论坛作志愿者参观学习。他还连续多年组织团队助学甘肃省会宁县和黑龙江省漠河市的两名学生。

曹　青

浮舟沧海　立马昆仑

曹青，男，中共党员，安徽工程大学人工智能学院机器人工程专业2020级本科生，曾任机器人201班生活委员、第一届人工智能学院学生会执行主席、发明协会会长、团学综合办公室社团联合部副部长。曾获国家奖学金、校特等奖学金、安徽合力奖学金，被评为“三好”学生、优秀学生干部等，获得第十五届全国三维数字化创新设计大赛安徽赛区二等奖、第十届全国大学生机械创新设计大赛安徽赛区三等奖、第五届安徽省大学生工业机器人应用大赛三等奖，以第三作者获批两项发明专利授权。

不忘初心 担当使命

他一直以一名中国共产党员的标准来要求自己，始终秉持“为同学做实事”的理念，充分发挥党员的模范带头作用。他一直坚持把个人的理想追求融入党和国家事业之中，勇担新时代历史使命，为党、为祖国、为人民多作贡献，担起中华民族的复兴大任！

敏而好学 铁杵成针

学习是一把打开新世界的钥匙，是一座瞭望远方的灯塔，是一面让人看清自己的镜子。有的同学把学习视为任务，这是不对的。他认为，学习是提高自身能力的过程，大学生应该认真学习各种知识，从而提升自己的综合素养。好的学习方法可以提高学习效率，他始终坚持课前预习、课上学习、课后复习的学习方法，认真完成课程学习，及时巩固课程知识。他坚信，作为一名新时代大学生，应当有正确的学习态度和好的学习方法，再加上两个重要法宝——勤奋和自律。学习从来没有捷径可走，唯有脚踏实地方能求得真知。

专心致志 兢兢业业

他担任第一届人工智能学院学生会执行主席，带领院学生会所有学生干部一起做好学生工作，以身作则践行“为同学做实事”的工作宗旨。他认为学生干部一定要兼顾学习和工作，学习上要勤学好问，工作上要尽心尽责。要想把二者都做好，良好的学习思维和学习方法至关重要。做好学生工作，要主动融入学生群体，换位思考学生的需求，完善学生工作的细节，尽心做好学生工作的规划，同时要积极主动承担责任，提高工作效率和工作质量，不辜负同学们的信任。学生工作也极大地锻炼了他的统筹协调能力。

笃志求真 刻苦钻研

他认为学科竞赛在大学本科学习中是必不可少的。日常的课程学习更多的是夯实理论知识，但理论知识需要在实践中检验，参加学科竞赛正是将理论与实践相结合的一种方式。在学科竞赛中培养创新思维能力、团队合作能力、实践能力以及解决实际问题的能力，既有利于专业实验课程的学习，也有利于深化理论知识的学习。与课程学习不同的是，学科竞赛过程更为艰苦，更需要自主学习，学习视频课程、查阅资料再运用于实验论证。学科竞赛不仅是一个不断挑战自我的过程，更是一个全方位的学习和成长平台，对大学生的学习和未来发展都极其重要。

孙 健

用脚步丈量祖国大地

孙健，男，中共党员，安徽工程大学人文学院法学专业2020级本科生。连续两年综合测评排名专业第一，主持国家级大学生创新创业训练计划项目1项，发表论文1篇。曾获第十七届“挑战杯”全国大学生课外学术科技作品竞赛红色专项活动三等奖、中国大学生“自强之星”奖学金、国家励志奖学金等，被评为校十佳青年志愿者、“魅力团支书”，先进典型事迹入选校“学雷锋十佳事迹”。

他带领团队成员走访了安徽省54个乡村，调研事迹被共青团中央、“学习强国”、《中国青年报》等多家媒体报道。他结合专业知识成立法治宣传小分队，深入乡村开展法治宣讲。他积极参加宣讲活动，校内外共宣讲50余次，为我校先进典型人物事迹宣传起到积极作用。他积极参与志愿活动，组织志愿服务活动60余次，直接或间接服务5000余人，他所负责的项目获得第六届安徽省“志交会”铜奖、校“团百花”学雷锋志愿服务行动项目金奖。

一笔一画写青春　无悔华年献实践

他是法学201班班长，校“新时代乡村变迁与振兴”调研团负责人。在校期间，他学习成绩优秀，积极参与社会实践活动。曾获第十七届“挑战杯”全国大学生课外学术科技作品竞赛红色专项活动三等奖，被评为2021年度中国大学生“自强之星”、安徽工程大学十佳青年志愿者、“魅力团支书”等。他先后带领团队深入安徽省内50余个乡村开展调研，调研事迹被共青团中央、“学习强国”、《中国青年报》等媒体报道。

坚定理想信念　提高理论水平

作为一名中共党员，他清楚认识到理论学习的重要性，认真学习习近平新时代中国特色社会主义思想和党的基本理论知识，不断提高理论水平，增强明辨是非的能力，始终在思想上和行动上与党中央保持高度一致。他积极参加学校、学院、班级组织的各种活动，发挥了一名中共党员的先锋模范作用。他荣获安徽省大学生学习马克思主义理论成果大赛调研报告组一等奖、安徽省“大学生讲思政课”比赛皖南片区赛三等奖，被评为校十佳优秀宣讲员。

笃定青衿之志　闪烁法治光芒

他积极学习专业知识，学习成绩稳定在专业前十。参加安徽省大学生未来律师辩论赛，以出色的表现在初赛中斩获优秀辩手，展现安徽工程大学法学生的风采。

他结合专业知识，充分发挥专业特长，成立法治宣传小分队，以大众喜闻乐见的形式积极输出法治文化。他累计开展30余场法治宣传活动；组织团队成员设计《乡村振兴促进法》和《未成年人保护法》等宣传画册、漫画等；采用“法治宣讲+文创产品”的模式，结合不同受众的需要，以文创产品为媒介提高群众在法治宣传活动中的参与感、获得感。

受社区工作人员和当地老师的邀请，他先后前往芜湖市旭日天都社区、星辰社区、何湾镇幼儿园多次开展《未成年人保护法》宣传活动，获得了良好的社会反响。

开展社会调研　助力乡村振兴

在乡村振兴方面，他带领“新时代乡村变迁与振兴”调研团积极参与社会实践，走访了安徽省50多个乡村、采访了3781名村民和基层政府工作人员，获得“挑战杯”全国大学生课外学术科技作品竞赛红色专项活动三等奖、安徽省“互联网+”大学生创新创业大赛铜奖等。他的事迹曾被共青团中央、“学习强国”、《中国青年报》等多家媒体报道。

2022年，他组织带领“新时代乡村变迁与振兴”调研团前往芜湖市南陵县涧滩村开展实践调研。他带领团队走遍涧滩村14个村民组，完成了对268名村民的采访，平均每名村民访谈时长约为40分钟，撰写调研日志60份，成功摸清村内具体情况，并手工绘制了居民居住地图和村落资源地图。调研结束后，他撰写了18000字调研报告《研访乡村发展，擘画振兴蓝图——基于南陵县涧滩村综合实地调研》，该调研报告荣获2022年安徽省大中专学生志愿者暑期“三下乡”社会实践活动调研报告评比二等奖。与此同时，他还帮助当地村干部整理出一份外出务工人员子女的相关信息表，进一步加强了村委会对于流动村民的了解。其团队的调研事迹被《中国青年报》、安徽大学生网等多家媒体报道。

讲好党史故事　传播徽程声音

自2021年3月加入校级青年讲师团以来，他认真学习党史知识。秉承着“讲好党史故事，涵养教育初心”的理念，将我校抗美援朝老兵杜康林爷爷、退休教师荚新民老师、党员突击队、青春护校队等的事迹进行宣讲，让观众在听故事的同时更好地学习模范精神，效果显著。在校宣讲期间积极讲好徽程故事，校内宣讲覆盖40个团支部、2000余人。党课下基层，党史入人心。他利用暑期“三下乡”和寒假返家乡等机会前往南陵县、祁门县等地区多个乡村进行宣讲，以青年人的口吻宣传党的理论知识和习近平法治思想。

自党的二十大胜利召开以来，他积极研学党的二十大精神，加入学校组织的百名青年大学生党的二十大精神宣讲团，在寒假期间开展宣讲，用青年人的视角和口吻讲述党史故事和身边的党员故事，让广大青年对党的理论知识理解得更加深刻、更加全面。他共计组织宣讲活动10余次，宣讲覆盖人数超过500人。

志愿于心永不忘　奉献于行永实干

他加入了人文学院“阳光之旅”青年志愿者服务队，多次参与敬老院送温暖、盲校帮扶、社区支教、运动会服务和开学迎新等志愿服务项目，共参与志愿服务次数60余次，志愿服务时长380多小时，直接或间接服务5000余人。

他所负责的“团百花”项目“金盏花”社区矫正人员的心理关怀和普法宣传志愿服务项目获第六届安徽省青年志愿服务项目大赛铜奖、校“团百花”学雷锋志愿服务行动项目金奖，“飞燕草”社区支教项目获校“团百花”学雷锋志愿者服务行动项目银奖，他也获得安徽工程大学十佳青年志愿者称号。

青春孕育无限希望，青年创造美好明天。他主动去到祖国最需要青年人的地方，自觉把青春奋斗融入党和人民事业，让青春的枝头绽放绚丽之花，以青春与奋斗成就人生之华！

管怀志

少年不惧岁月长 彼方尚有荣光在

管怀志，男，中共党员，安徽工程大学集成电路学院通信工程专业2020级本科生，曾任班级学习效果调查员。曾获国家奖学金、安徽合力奖学金、校特等奖学金，被评为校“三好”学生、优秀学生干部，获第十六届“西门子杯”中国智能制造挑战赛华东三赛区一等奖、2023年第十届“大唐杯”全国大学生新一代信息通信技术大赛全国总决赛本科B组二等奖、校第十八届“瑞德杯”电子设计与制作大赛一等奖等。

思想端正　工作认真

作为一名中共党员，管怀志始终坚信坚定的理想信念是立身之本、动力之源、正气之魄。只有坚定理想信念，方可筑牢信仰之基。在理想信念的指引下，他时刻保持思想进步，重视政治理论学习，注重提升思想道德水平与政治觉悟，时刻提醒自己“躬自厚而薄责于人”。

作为班级学习效果调查员，他从教学相长角度出发，真实、客观地反映班级同学学习效果和同学对教学工作的合理要求与建议，同时将学校相关教学理念及信息传递给广大同学。努力成为同学、教师、学院的信息沟通桥梁，促进良好教风、学风建设。

大学伊始　以学为基

2020年6月，管怀志带着懵懂进入安徽工程大学集成电路学院，开始了全新的学习之路。对于挑战和困难，他有所预料并持有积极的应对态度。课堂上他认真听讲，遇到问题总会在课后第一时间和老师进行讨论。课后，他会利用各种学习资源，巩固自己课上的学习成果，深入理解课程知识。他的学习成绩多次排名班级第一、专业第一，平均绩点3.81，获得校特等奖学金、一等奖学金。

“纸上得来终觉浅，绝知此事要躬行”，书中学而不拘于书。大二学年他加入了智能控制协会和通信技术协会，先后参加多项比赛，获得第十六届“西门子杯”智能制造挑战赛华东三赛区本科组一等奖、第十届“大唐杯”全国大学生新一代信息通信技术大赛全国总决赛本科B组二等奖、校第十八届“瑞德杯”电子设计与制作大赛一等奖等。在参加比赛的过程中，对于自己要完成的部分，他总是会从多个渠道找寻有关信息，定期主动与团队成员相互探讨想法。

躬身力行　服务社会

作为一名在校大学生，他深感青年责任之重大、担当之重要。同时，他也深知实践最能锻炼人。为了磨砺自己，他积极投身各类社会实践活动。他曾参加团芜湖市委组织的“青领计划”优秀大学生赴基层共建团组织兼职锻炼活动。走出象牙塔来到基层，他深刻体验到了基层工作的复杂和辛苦，认识到了什么才是真正的“为人民服务”。在无为市陡沟镇文化站工作的一个月，成为他心底美好的回忆，他初步了解了农村文化振兴方面的工作，感受到了陡沟镇人民的热情与淳朴。走出课堂、深入基层的过程让他更加笃定了内心深处扎根祖国和人民最需要的地方，为人民服务的信念。

“志之所趋，无远弗届，穷山距海，不能限也。”身为新时代青年，他深刻明白，青年一代当时刻牢记使命与担当，用满腔热情书写青春诗篇，用扎实的实践绘就青春蓝图！

阮　琳

心中有梦想　脚下有力量

阮琳，女，纺织服装学院服装设计与工程专业2020级本科生。在校期间，担任校全媒体中心微信部副部长、班级宣传委员及创行协会副会长。获批国家专利1项，参加各类比赛并获得国家级奖项1项、省级奖项1项、校级奖项8项、院级奖项和荣誉15项。她用自立自强、奋斗进取诠释着当代大学生的良好精神风貌。

天道酬勤　乐于奉献

作为学校全媒体中心微信部副部长，她积极服务同学。她曾一年内在校官方公众号上发表原创推文45篇，其中安徽工程大学85周年校庆宣传片推文阅读量超过28000，还有多篇推文阅读量超过10000。她协助校教务处、招生办、人事处等部门开展招生、招聘宣传工作，获得了老师和同学的一致好评。

在日常生活中，她也始终践行“雨耕勤作，赤铸精工”的大学精神，严格要求自己。作为班级的宣传委员，她积极组织开展各类团日活动，负责班级团支部QQ号、抖音号的运营并协助支部获得活力团支部、魅力团支部、五星团支部等荣誉称号。

她在校内三星社团创行协会担任副会长，负责协会运行日常工作。协会“淘果市场”项目获“善创未来”美好大会苏皖沪地区二等奖，“红色扶贫旅游平台”项目获2021年校“互联网+”大学生创新创业大赛“青年红色筑梦之旅”赛道三等奖。

天下难事必作于易　大事必作于细

一直以来，她始终怀揣着一颗志愿服务的心，课余时间，她积极参与志愿服务活动。2021年暑假，她带领“鲜橙”志愿服务团队前往芜湖市鸠江区沈巷镇新时代文明实践所开展义务支教活动。该团队入选2021年“圆梦工程”助力乡村学校少年宫“七彩假期”志愿服务项目，并获安徽省暑期“三下乡”优秀实践团队称号。

2021年寒假，她参与了“一起云支教，共同迎冬奥”全国大学生2022寒假“返家乡”社会实践专项活动线上宣传活动，对该活动展开周期报道，报道传播覆盖超10000人次。与此同时，她作为安徽省第一届创新创业峰会组委会成员，负责该峰会的外联工作，她还担任过各类赛事与交流会的志愿者，志愿服务活动时长共计40余小时。

作为一名新时代的大学生，她注重在实践中培养自己的能力。她先后在中青校媒（安徽）、上海益优青年服务中心、松果仁研习社进行实习。实习期间她与渣打银行、国泰航空、戴尔科技、杜邦、周大福珠宝、康宁显示科技等品牌对接进行宣传合作，在周大福第二季“传”新制片人中国传统工艺文化传承挑战赛、“伊起成长——伊顿动力新生官之品牌共创计划”、“渣打银行工科女生赋能计划”、“康宁创星家”创新应用挑战赛等全国性赛事活动中发布品牌大赛流程运营推文30余篇。此外，她作为安徽工程大学校媒代表加入中青校媒（安徽）多媒体产品研发部平面设计组，在公众号“安徽校媒”发布作品10余篇。

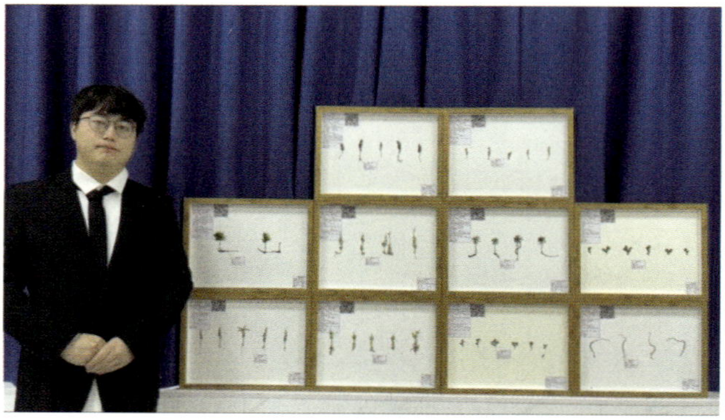

晏 程

笃学不倦 行以致远

晏程，男，中共党员，安徽工程大学生物与食品工程学院生物制药专业2020级本科生，任班级心理委员、生物与食品工程学院学生会媒体运营部部长、新生学长导员。曾获CIFST-第四届“三只松鼠杯”休闲食品创新大赛全国二等奖、第六届安徽省大学生生命科学竞赛三等奖、第五届安徽省大学生生命科学竞赛三等奖、第七届安徽省“互联网+”大学生创新创业大赛“青年红色筑梦之旅”赛道铜奖，曾获国家励志奖学金等，多次被评为校“三好”学生，以第一负责人身份主持2项国家级大学生创新创业训练计划项目。

勤学——练就过硬本领

一分耕耘，一分收获。晏程一直保持着对知识的热切渴求，树立明确的学习目标，养成良好的学习习惯，坚定积极的学习态度，并不断创新学习方法以提高学习效率。在大一学年，他便以高分顺利通过英语四级和六级考试，专业成绩也逐年稳步提升，每学年都获得校学业奖学金，并被评为校“三好”学生。

实践出真知，他在认真学习专业基础知识的同时，也刻苦钻研学科实验项目，积极参加各类学科竞赛，坚持以赛促学、学用结合。大二暑假，他跟随专业导师参与课题实验，在期刊*Ceramics International*（《陶瓷国际》）上，以第二作者身份发表专业论文一篇。大学期间，他还先后荣获CIFST-第四届“三只松鼠杯”休闲食品创新大赛全国二等奖与第五、六届安徽省大学生生命科学竞赛三等奖，并主持2项国家级大学生创新创业训练计划项目。虽然比赛过程曲折且艰难，但是晏程总是孜孜不倦、磨砺不怠，给团队的指导老师和队友们留下了深刻印象。

修德——补足精神之“钙”

生在红旗下，长在春风里。大一入学之际，他便坚定地向党组织递交了入党申请书，不断加强政治理论学习，提升自身政治理论素养和为人民服务的意识，并于2022年5月加入党组织。党员的身份激励他更加严格要求自己，牢记中国共产党的初心与使命，将初心与使命内化于心、外化于行，积极参加各类志愿服务活动，尽己所能帮助身边同学解决问题，充分发挥党员的先锋模范作用。

为了能够帮助更多同学，他成为新生学长导员，耐心解答新生关于生活和学习的各类疑问，协助辅导员完成班级管理工作。他通过分享自己的校园学习、生活、工作经验，努力帮助新生更好地适应大学生活，其所带班级因学风优秀获得了老师和同学的一致好评。

笃行——实践中增长才干

青春在实践中闪光，在众多社会实践活动和志愿服务活动中都能看见他的身影。他曾加入生物与食品工程学院志愿者服务团，积极参与各类“团百花”志愿服务活动、迎新志愿服务活动、运动会志愿服务活动等，累计志愿服务时长超100小时。他参加安徽省“互联网+”大学生创新创业大赛“青年红色筑梦之旅”赛道、校暑期志愿服务项目等，他参加的项目“爱传万家，永葆赤诚”获2021年安徽省“互联网+”大学生创新创业大赛“青年红色筑梦之旅”赛道公益组铜奖，其主创的作品《关爱空巢老人，心暖一方天地》在校2022年“温暖的实践”系列视频报道活动中获一等奖。赠人玫瑰，手有余香，他坚信自己会在志愿服务这条路上一直走下去，并将更加努力，把自己塑造成可担当大任的新时代青年。

作为班级心理委员，他积极组织心理班会，传播心理健康知识，提升班级凝聚力。同时，他细心关注班级中每位同学的心理状态，充当辅导员和同学们之间的“桥梁”，促进师生关系的和谐发展。他还主动与同学们分享自己的学习笔记，与同学们交流学习方法，与其他班委一起，共同带领班级营造良好学风班风。在学院学生会媒体运营部任职期间，他将自己的全部技能倾囊相授给部门的学弟学妹们，不断提升部门凝聚力，提高工作效率和工作质量，力争交好每一份工作“答卷”。

江安琪

不经一番寒彻骨 怎得梅花扑鼻香

江安琪，女，共青团员，安徽工程大学外国语学院英语专业2020级本科生，曾任班长、外国语学院团委志愿服务部部长、校级品牌项目“龙骨花”志愿服务团队负责人。获得第五届全国高校大学生外语水平能力大赛二等奖、2023年全国大学生英语竞赛三等奖、安徽省第七届“互联网+”大学生创新创业大赛“青年红色筑梦之旅”赛道铜奖、安徽省第十五届运动会高校部自选枪术第一名等，其事迹入选校“学雷锋十佳事迹”。

学习理论 宣传党史

江安琪始终坚信理想照亮人生道路，信念指引前进方向。她不断学习党的理论知识，认为成为中国特色社会主义合格建设者和接班人是自己的“必修课”。她积极参加党团活动，在理论与实践中不断充实提高自己。

历史是最好的教科书，党史是最好的营养剂。在学校，她通过微团课向同学们介绍习近平总书记系列重要讲话精神，宣讲共产党员的先进事迹，引导同学们将个人理想与国家命运紧密联系起来。她也经常走出校园，利用暑假组织同学们参加党史学习教育主题社会实践，深入了解了党的光辉历程和革命先辈们的艰辛努力。她走入小学课堂，讲述陈独秀、邓稼先等人物事迹，引导青少年向榜样看齐，激励他们厚植爱党爱国情怀。她在校内外引导广大同学学党史、强信念，做新时代勇担重任的新青年。

勤思敏学 唯实惟新

她锲而不舍，精益求精，综合测评一直保持专业第一。为进一步提高自己，她积极参加学科竞赛与各种等级考试，获国家级奖项6项、省级奖项2项，并获得英语专业四级证书、国际人才英语考试中级证书。她课上与外教积极互动，课后一看到留学生，就会热情主动地上前交流，抓住每个可以练习口语的机会。在食堂排队打饭时，她常常听英语听力，利用所有时间来学习英语。在她的不懈努力之下，大二时，她通过层层选拔，成为安徽工程大学模拟联合国大会英文组的两位代表之一，可以在众人面前自信流利地用英语进行演讲。除了专注于个人发展，她还积极带动班级进步。她注意到有同学在学习上遇到困难，立即成立了学习互助小组。面对难题，同学们总会互相帮助、互相激励，从而营造了良好学风和班风。她认为，学习最重要的就是热爱、坚持、交流。有了热爱才能充满动力，有了坚持才能看到成效，有了交流才能取长补短。

青春志愿　传递希望

作为外国语学院团委志愿服务部的部长，她累计参与20次以上志愿服务活动，牵头负责活动5次，服务约2万人次，服务总时长72小时以上。“天下大事，必作于细。”刚入校时，她只是一名普通的志愿者，但她坚持把每件小事做好。每周她都坐公交车去六七公里以外的社区辅导小学生学习，社区工作人员说志愿时长结束就可以走，但她每次都等到学生都被接走了才放心离开。她的真诚，让她赢得了学生的信任与喜爱，他们学习的主动性有了明显提高。她从中深深地感受到“为人民服务”的快乐，同时也认识到一个人的力量是渺小的，于是努力成为“龙骨花”志愿服务团队的负责人，带动更多人投身志愿服务。

强身健体　勇攀高峰

生命在于运动，欲文明其精神，先野蛮其体魄。从小到大，她特别注重增强体质，热爱体育锻炼，在各项体育赛事中积极发扬团结协作、顽强拼搏的体育精神。大二时，她加入了校武术队，成为备战安徽省第十五届运动会高校部的主力队员。最初她总记不住动作，每次训练结束后，她都会主动加练，直到动作行云流水。一有空她就会反复观看全国武术冠军的视频，学习他们的动作、眼神和气势。她的身上到处淤青，双手满是水泡和老茧。暑期集训时，她也曾有坚持不住的时候，但一想到这是难得的磨炼自己的好机会，她就咬咬牙，擦擦血与汗，继续训练。凭借勇气和毅力，她实现了从武术新手到英姿飒爽的冠军的转变。

同学们都说，她自信开朗的笑容就像温暖的太阳照耀了每一个人。她踏实负责，谦逊诚恳，坚毅勇敢，总能在学业、工作与体育运动中一步一个脚印地创造成绩，小小的身体却能迸发出大大的能量。这样优秀的班长带领整个班级一起成长，勇攀高峰。

韩　源

少年负壮气　奋烈自有时

韩源，男，中共党员，安徽工程大学化学与环境工程学院应用化学专业2020级本科生，曾任班级学习委员，曾获国家奖学金、国家励志奖学金、校特等奖学金、第十届“挑战杯”安徽省大学生课外学术科技作品竞赛二等奖，被评为优秀学生干部，并以第一作者身份发表SCI论文2篇。

尚德明志追逐理想

作为一名要求进步的青年，韩源积极向党组织靠拢，大一入学时，便提交了入党申请书。他不断加强政治理论学习，提高自身党性修养，大二时，便成为一名光荣的中国共产党员。加入党组织后，他更加刻苦、努力学习，追求全面发展，不断提升思想道德素质，积极参加院、系组织的各项活动，在思想上、政治上、行动上积极发挥表率作用。

勤作善成投身志愿

他时刻牢记党员身份，发挥党员先锋模范作用。入学后便坚持参加学校举办的“四点半”公益课堂，热衷于志愿服务。2022年暑假期间，他在家乡村委会当了两个月的志愿者，辅助村委会主任开展各项工作。

担任班级学习委员期间，他积极开展各项工作，配合其他班委加强班级建设，时刻以优秀党员的标准严格要求自己，在班级中发挥模范带头作用。他在努力学好专业知识的同时，还经常利用课余时间，帮同学解答学习上的困惑，积极推动班级优良学风、班风建设，最终他所在班级获先进班级荣誉称号，他本人也连续三年获优秀学生干部荣誉称号。

敏学好思投身科研

学习上，他态度端正，谦逊刻苦，力争上游。在认真学好专业理论知识的基础上，他还积极参加各级各类学科竞赛与实践活动，并取得了优异成绩，努力做到全面发展。大一学年，他的综合测评排名班级第一，学分成绩排名专业第一，获校特等奖学金。他积极参加第十届“挑战杯”安徽省大学生课外学术科技作品竞赛并获二等奖，在第十三届安徽省百所高校百万大学生科普创意创新大赛中获优秀奖，在安徽工程大学“互联网+”大学生创新创业大赛中获二等奖，在安徽工程大学化学实验技能竞赛中获三等奖。他积极培养兴趣爱好，不断拓宽自己的知识领域，参加安徽工程大学大学生数学竞赛并获三等奖，参加第十四届“认证杯”数学中国数学建模网络挑战赛并获三等奖，参加芜湖高校数学建模联赛并获二等奖。

在积极参加学科竞赛的同时，他也时刻牢记青年应当投身科研奉献社会，他坚信“别的事都可以赶时髦，唯有做科研不能赶时髦”。在指导老师的悉心教导下，他对科研充满了兴趣和期待。通过课余时间大量阅读文献，他的基础理论知识更加扎实，出色地完成了实验室课题任务，同时他对研究方向和研究内容有了更为深刻的认识。在这个过程中，他经常向老师虚心求教，指导老师对待科研认真严谨的态度也让他十分敬佩、收获颇丰。不断实验、整理数据、撰写论文，功夫不负有心人，在老师的指导下，他最终在中科院二区顶刊*Journal of Alloys and Compounds*（《合金与化合物杂志》）和三区期刊*Journal of The Electrochemical Society*（《化学热力学杂志》）以第一作者身份发表学术论文2篇。他还以第一发明人身份申请国家发明专利1项。在经过系统的科研训练后，他立志成为研发一线的科研工作者。

韩源坚信“犯其至难而图其至远”，始终向最难之处攻坚，追求最远大的目标。路虽远，行则将至；事虽难，做则必成。在接下来的日子里，他将以过去的成绩为起点，再一次出发，在新阶段里迎接新挑战，不负青春、不负梦想！

叶译雯

热忱拼搏　笃信前行

叶译雯，女，中共党员，安徽工程大学数理与金融学院统计学专业2020级本科生，曾任班级文体委员、数理与金融学院学生会宣传部委员。获得2023年全国大学生创新创业能力大赛初赛创新思维赛一等奖、2022年安徽省大学生财税技能大赛二等奖，担任省级创新创业训练计划项目“互联网直播带货背景下影响消费者购买意愿的因素分析”第一主持人，曾获国家奖学金校、特等奖学金，被评为校“三好”学生。

熏陶中成长 笃信中前行

“你要记住，中国共产党人的初心和使命，就是为中国人民谋幸福，为中华民族谋复兴。”这是她的奶奶时常告诫她的一句话。她出生于一个教育氛围浓郁的家庭，奶奶、外公、舅舅都是共产党员，奶奶曾为绍兴市人大代表，家人们的教诲使她在心中早早地根植了“成为一名共产党员”的梦想。大一时，她主动提交了入党申请书，积极向党组织靠拢；后又参加了学校马列理论读书班、发展对象培训班和预备党员培训班，获得了预备党员培训班优秀学员称号。在平时生活中，她积极阅读关于党的理论书籍，查阅了解优秀党员的先进事迹，尽力帮助身边同学，积极参与学院和班级事务。一边抓专业学习，一边积极学习党的理论知识，在全心全意为同学们服务的实践中，她实现了自己的梦想，成为一名光荣的中共党员。

投热忱于学习 持热爱于生活

“上了大学我一定会好好努力”，她回忆起上大学的第一天给高中班主任打的一通电话，信誓旦旦地承诺一定会好好学习、热爱生活，这句话她一直牢牢地记着。她认真对待每一门课，认真做好每一课的笔记，遇到疑惑积极向老师请教。她的专业成绩多次位列年级第一，大三学年平均成绩达到了96.02分，获得校“学习之星”称号。在生活中，她注重身体体能素质培养与心理素质培养“两手抓”。她在课余时间会坚持去操场上跑步、打篮球，在2022年校篮球赛中获女子组第五名的好成绩。作为班级文体委员，她积极组织同学开展文娱活动，热心与同学们交流。课外她还积极参加社团活动，参加学院“和谐宿舍”创建工作。

以真诚为“必杀技” 以拼搏为“指明灯”

“我也要成为别人的榜样。”这句话既是她在学习过程中给自己定下的奋斗目标，也是她对自己人生的更大期许。追梦过程中，她付出全部的真诚和努力。在同学眼中，她既是“小老师”，也是“大姐姐”，每次同学们遇到解决不了的学习或生活问题时，她都会倾力相助，耐心地讲解知识，细心地处理困惑。她还积极参加学科竞赛，在团队合作中积极挑起重担，一边承担最累、最繁杂的任务，一边鼓励队员共同努力。在省级大学生创新创业训练计划项目“互联网直播带货背景下影响消费购买意愿的因素分析”中，她是第一主持人，花费大量时间和精力查找资料、制定框架，带领团队成员积极与老师交流。此外，她还获得了2022年安徽省大学生财税技能大赛二等奖、2023年全国大学生创新创业能力大赛初赛创新思维赛一等奖。大三伊始，她作为数理与金融学院优秀学姐，向新生开展学习分享会。她告诉学弟学妹们，要笃信前行，努力学习，热爱生活，“不忘初心，方得始终”。终于，她带着自己的真诚和拼搏，离自己心中的榜样越来越近。

“我要不断前行，不能放弃。”在决定考研的第一天，她就把这句话写在她的书上，时刻警醒自己。经过充分调查与认真思考，她决定继续在统计学这条路上走下去，报考了浙江工商大学的应用统计专业。每天早起晚归、焚膏继晷，一遍一遍地刷题背书，一轮一轮地听课复习，她在坚持的同时也乐在其中。她记得奶奶的告诫，记得对高中班主任的承诺，记得无数次自己给自己的打气，记得自己的目标——成为一名“榜样”。她离自己的梦想越来越近。

黄昕悦

追光而遇　沐光而行

黄昕悦，女，中共党员，安徽工程大学体育学院体育表演专业2020级本科生，曾任安徽工程大学健美操协会会长、学院学生会权益部部长、体育表演201班文艺委员。曾获国家奖学金、国家励志奖学金和校特等奖学金，获2020年中国大学生健美操锦标赛混合双人操第二名，安徽省第十五届运动会高校部健美操比赛女子单人操三等奖、五人操三等奖，2022年中国大学生健美操锦标赛女子单人操第八名等。

学习精进　不负韶华

黄昕悦始终将学习视为一种追求、一种乐趣、一种习惯，这使她在学业上表现出色，学业成绩始终保持全年级第一。因成绩优异，她获得国家奖学金、国家励志奖学金和校特等奖学金，并被评为优秀学生干部。

她认为生命在于运动，尝试各项体育活动并积极参加各类比赛。2020年秋，她参加了中国大学生健美操锦标赛，并获得混合双人操第二名，为她的大学运动生涯揭开了序幕。良好的开端给予她更多信心和莫大勇气，促使她怀着更坚定的信念参加训练与比赛。每场比赛，她都竭尽全力地拼搏，取得了诸多成绩，并顺利入选健美操与拉丁舞校队。

思想先进　积极向上

作为新时代的青年大学生，黄昕悦积极主动向党组织靠拢，她暗暗地告诉自己要以党员的标准严格要求自己，积极主动服务班级同学，并顺利成为一名共产党员。平日里，她认真学习党的创新理论，主动并认真参与“青年大学习”网上主题团课，自觉用习近平新时代中国特色社会主义思想武装头脑、指导实践、推动工作。她还积极参与校“三全六专”教育活动，努力做“正起来、学起来、壮起来、乐起来、勤起来、和起来”的新时代大学生，为此，她主动申请担任“三全六专”大家谈学生主讲人，希望加强与同学们的交流。

工作奋进　勇担责任

黄昕悦积极参加班级活动，主动为集体贡献自己的力量。作为文艺委员，她密切关注班上同学关于文艺活动的态度和热点动向，策划并组织开展相关文体活动，协助其他班委做好班级工作。作为健美操校队副队长，她总是积极带领校队开展科学有序的训练，为营造良好的健美操运动氛围贡献自己的力量。她还主动帮助校内健美操爱好者发展兴趣爱好，耐心指导和调整他们的动作。

2022年暑假留校训练期间，她协助队长带领校队“从严、从难、从实”科学地进行训练，积极备战安徽省运动会，为学校争光。截至2023年4月，在指导老师帮助下，她带领健美操校队和健美操协会10余名同学通过专业考试，考取了啦啦操教练员和裁判员证。作为院学生会权益部部长，她及时了解同学们在学习中面临的困难和问题，帮忙分析原因、明确矛盾，并及时向上反馈，确保问题及时得到解决。作为健美操协会会长，她带领会员参加学校各类训练活动，积极开展团日活动，圆满完成校篮球赛、足球赛等多个赛事开幕式和闭幕式的演出。

生活上进 无愧于心

生活中黄昕悦是一个积极乐观、热爱生活、不畏困难的女孩。2019年，母亲确诊癌症，黄昕悦逐渐意识到生命中最珍贵的人总有一天会离去。虽患病但母亲对待生活十分乐观，积极配合治疗，从不自怨自艾，这让黄昕悦学到了十分珍贵的乐观品质。因此，她以更加积极乐观的态度面对生活，希望能让母亲为她感到骄傲。虽然母亲最后还是离开了她，但她会学习母亲开朗乐观的处事态度，用行动传递温暖，感染身边更多的人。

她也会利用课余时间做些兼职，在减轻家庭经济负担的同时，锻炼自己的能力，积累社会经验。有一句话一直激励着她：靠近光、追随光、成为光、散发光。她希望自己能成为那个散发着光的人，所以她开朗豁达，愿意品尝生活中的酸甜苦辣，把最美好的状态留给自己，也照亮并温暖他人。

金　樊

知足知不足　有为有不为

金樊，男，中共党员，安徽工程大学建筑工程学院土木工程专业2020级本科生。先后担任学院志愿团组织部副部长、新生学长导员、学习委员、土木工程专业学生第二党支部支委，曾获校特等奖学金、鑫龙奖学金。获安徽省大学生学习马克思主义理论成果大赛一等奖、安徽省大中专学生志愿者暑期“三下乡”社会实践活动调研报告评比一等奖、第八届安徽省“互联网+”大学生创新创业大赛银奖，被评为校优秀共青团干部、学生干部标兵等。

勇于钻研 锐意进取

万事开头难。初入大一，面对崭新的大学生活，他并没感到多少兴奋和好奇，反而感到迷茫和无所适从。陌生的生活环境、失败的招新面试、全新的学科知识，都让他感到有些孤独无助并一度陷入自我怀疑。他想要奔跑，但仿佛深陷泥潭。

大二，他渐渐找到了大学生活平衡的支点，社会工作尽心尽力，课内学习从不松懈，科研竞赛上崭露头角。步入大三、大四，专业课的难度愈发加大，还要兼顾考研和各类竞赛，他沉心静气，坚持一步一个脚印，在每次攻坚克难的过程中掌握新的知识和技巧，享受成长的喜悦。

他坚信土木工程是一个神圣而伟大的行业，“万丈高楼平地起”，土木人研究的领域、参与的建设影响着人民群众的安全，是容不得丝毫马虎的。这也让他更加热爱自己的专业，期待着有一天在祖国的土地上能交出一份让自己满意的答卷。

细致热情 服务师生

作为院志愿团组织部副部长、2021级新生学长导员、土木204班学习委员，他不断在实践中锻炼自我，协调好学业与学生工作之间的关系，既为同学服务，又与老师沟通，积极应对各个方面的挑战，在工作岗位上认真负责，尽心尽力做好每项工作。在校团委青年媒体中心文字专栏部，他创立“六微”工作法，充分展示网络文化的感染力，汇聚广大青年磅礴正能量，勇担青年网民时代重任，弘扬网络正气新风，助力维持良好的网络秩序，积极弘扬健康向上的社会风尚。

他严格要求自己，有较强的执行力和创新能力。他要求自己做到凡事有交代、件件有着落、事事有回应，不断实现自己的目标。在他看来，踏实稳重并不等于固步自封、因循守旧，他不断在认真扎实做好工作的基础上，思考优化工作方案。也正因如此，他才能在较短的时间内实现自身的快速成长。

实践奉献　不负青春

2022年暑期，他成立了“千年古县，众创南陵”发展成就观察团，并入选国家级暑期“三下乡”社会实践重点团队。2022年7月，他组织团队成员开展乡村振兴调研活动，在实践中受教育、长才干、作贡献。他们通过乡村建设调研、建筑调研、人物随访、宣传视频拍摄等方式，探寻南陵县建设过程中美学、人文、建筑元素的融合，探索“乡村+建筑+美育”的融合路径，推动“色彩”与乡村建设经验、乡村特色建筑的有机结合。他先后深入南陵县5个村庄开展调研，绘制长乐村保护站设计图、毕家桥遮蔽物设计图、红楼建筑结构图等一系列图纸，随机走访112位村民，根据走访和调研撰写3万余字《逐梦锦绣南陵，奏响青春乐章——南陵县籍山镇乡村振兴发展成就调研》的调研报告。

他不拘泥于自身实践任务，还深入开展调研，为乡村振兴提出建议，他的实践事迹被中青网、安徽学联、南陵县共青团等多家单位报道，相关报道共计42篇。当了解到长乐村因产品单一而缺乏吸引力，他就以长乐村扬子鳄为核心打造品牌形象，协助设计特色文旅方案，助力乡村产业发展。他还充分发挥土木专业优势，扬土木之风，觅建筑之韵。通过电子水准仪测绘毕家桥，为乡村桥梁“输血打针”，留住“人间彩虹”。

青春孕育无限希望，青年创造美好明天。他通过自己的努力，不断在实践中磨砺自己、提升自己，用青春书写无愧于时代、无愧于历史的华彩篇章，以青春的理想和追求、责任和担当跑出青年“加速度”，让青春在实践中绽放绚丽之花。

高鑫程

红旗引领青春航向

高鑫程，男，中共党员，安徽工程大学化学与环境工程学院环境工程专业2021级本科生。曾服役于中国人民解放军某部队，服役期间曾参加某集团军侦察特战新兵集训与某集团军某装备集训，参与苏州高校军训带训任务，两次参加重大军事演习任务。曾获国家励志奖学金、校特等奖学金、"长信科技"奖学金。先后被评为校优秀共青团员、"三好"学生、"三好"学生标兵、大学生自强之星、年度招生宣传先进个人等。

参军报国　建设巩固钢铁长城

“男儿何不带吴钩，收取关山五十州。”成长在一个三代从军的家庭，高鑫程从小便了解了许多国防军事知识，心中更是对部队充满了向往。一进入大学，他便在军训中刻苦训练，被评为军训先进个人。受益于军训教官的启迪和学校优秀退役大学生的国防教育宣讲，他想要参军报国的心愿越发强烈。

在家人的支持下，2020年9月他应征入伍，毅然奔赴军营。两年的时间里，他辗转三省七市，把青春绽放在祖国的大地上。他曾参加某集团军侦察特战新兵集训，并被评为优秀新兵；曾参加某集团军某装备集训，所在小队获夜间射击第一名；两次参加重大军事演习任务；曾担任西交利物浦大学新生军训教官，并被评为优秀教官。在部队的经历，让他形成了优良的生活学习作风，强化了担当奉献意识，提高了思想政治认识，升华了爱国主义情怀，愈加坚定了要投身社会主义现代化建设伟大事业的理想信念。

明德修身　敢于担当甘于奉献

“大学之道，在明明德。”成为对社会有用的人，是社会对大学生的殷切期盼，更是高鑫程内心的追求。2020年1月，面对严峻的新冠疫情，他主动向当地镇政府申请成为疫情防控志愿者，在大型超市进行消毒工作，累计志愿服务60余小时。由于工作表现突出，被当地镇政府评为优秀志愿者，并获评安徽工程大学疫情防控“最美志愿者”。同时高鑫程结合自己的志愿服务经历，认真总结，将自己的所感所想写成文章，获得了安徽工程大学“决胜2020”网络主题教育活动一等奖。2020年暑假期间，他借助新媒体平台积极制作招生宣传视频，活跃在学校招生宣传工作中，向家乡应届高中毕业生宣传本校，由于表现突出，被评为安徽工程大学招生宣传先进个人。

退役复学后，高鑫程继续坚持自强奋斗，他立志通过自身行动助力学校的国防教育发展，展现退役大学生风采。他曾先后两次在校红色国防体育运动会中担任领队和主裁判，并主持起草了安徽工程大学国防教育教导大队《军事训练大纲》和《行为管理准则》，参与了校首届国防教育教导大队的成立工作。2023年9月，高鑫程积极投身于学校军训工作，担任军训旅副团长及战术特色排教官，他敬业负责，弘扬爱国情怀、宣传国防教育，他的事迹多次被校团委、校学工处、校青年媒体中心宣传报道。他曾先后在学院毕业典礼及学校迎新晚会中演出《清澈的爱》红色爱国主旋律话剧，被学校专题报道，引起较大反响。他还积极宣传国防军事知识，注册成为芜湖市国防动员志愿者，积极为校内有入伍意愿的同学解惑答疑，并帮助多名同学成功应征入伍。

高鑫程时刻不忘学习党的先进理论知识，努力提高自身道德修养。2023年4月，他参加了安徽工程大学第十二期“青马工程”培训班，并担任文体委员。在培训班学习期间，他积极带动班级学员和身边同学参加志愿服务活动，并多次在学校范围内开展理论宣讲。暑假期间，他与培训班部分同学组建“陶辛青春”实践团队，深入芜湖市湾沚区陶辛镇开展暑期“三下乡”社会实践活动，该团队在安徽工程大学重点实践团队评选中荣获二等奖。由于在培训班期间学习态度认真严谨、工作尽职尽责，他被评为优秀学员。在担任班级思政委员期间，他配合团支部书记组织团日活动，开展理论宣讲和防诈骗安全教育。在任职于校国防教育教导大队组织部期间，他恪尽职守，协助组织完成各类理论宣讲和国防教育活动。在课余时间他积极参与志愿服务，年志愿活动总计时长百余小时。

“天行健，君子以自强不息。”追求全面发展、成就青春梦想，一直是高鑫程的目标。他广泛参与社会实践活动和文体学科竞赛，并取得了优异的成绩：曾获校第十一届大学生化学实验技能竞赛一等奖、校第九届“互联网+”大学生创新创业大赛一等奖、首届全国国防体育运动挑战赛三人武装越野项目大学生组冠军、校第一届体测运动会男子乙组第一名、校“千里相思·情归故里”主题征文比赛一等奖、校话剧团课大赛决赛一等奖等。由于综合表现出众，曾获校“三好”学生标兵、大学生自强之星等荣誉称号。

陈铁嘉

追风赶月莫停留　平芜尽处是春山

陈铁嘉，女，中共党员，安徽工程大学人文学院行政管理专业2021级本科生。曾任“阳光之旅”青年志愿者服务队队长、行管212班团支部书记、院团委副书记。获校优秀青年志愿者、优秀共青团干、优秀学生干部、“魅力团支书”等荣誉称号，其先进事迹入选校“学雷锋十佳事迹”。曾获国家奖学金、校特等奖学金、2023年全国卡巴迪冠军赛女子组道德风尚奖、第十届“挑战杯”安徽省大学生课外学术科技作品竞赛二等奖、红色专项活动三等奖、安徽省大学生学习马克思主义理论成果大赛三等奖、安徽省高校“模拟政府”大赛三等奖、安徽省“大学生讲思政课”比赛皖南片区赛三等奖等。

人生在勤 不索何获

作为一名在党的阳光下成长起来的新时代青年，大一入学之际她便递交了入党申请书，积极向党组织靠拢，不断加强政治理论学习，经过党组织的考察培养，顺利成为一名共产党员。她清楚认识到“为人民服务”的深刻内涵，时刻提醒自己作为一名学生干部应当为同学、学校作出更多的贡献。

大二期间，作为院团委副书记，她积极配合学院党委及校团委在“思想引领、青年发展、组织提升、从严治团”等领域的工作，为学校和学院“三抓”和“三全六专”育人实践做深做实做细贡献一己之力，积极配合推进各项常规工作、重点工作和特色工作。作为团支部书记，积极带领班级同学认真对待和配合院团委的工作，利用主题班会、青年大学习开展思想政治工作，定期召开班会和团员青年的“三会两制一课”，团支部对标定级为五星级团支部，获评校“五四团支部”，她也获得了“魅力团支书”的荣誉称号。

“不积跬步，无以至千里；不积小流，无以成江海。”在学习方面她始终注重提升自己的综合实力，认真学好每一门课程，踏踏实实走好每一步路，学习成绩一直名列前茅，先后获得校一等奖学金、特等奖学金和国家奖学金。“一分耕耘，一分收获”，她始终坚信学习生活中一点一滴勤奋的积累终会闪出光芒。

忠于实践 身体力行

陈铁嘉积极参加各类学科竞赛，以赛促学，以学促用，将书本知识与专业实践相结合。她曾获得2023年全国卡巴迪冠军赛女子组道德风尚奖、第十届“挑战杯”安徽省大学生课外学术科技作品竞赛二等奖、第十届“挑战杯”安徽省大学生课外学术科技作品竞赛红色专项活动三等奖、安徽省大学生学习马克思主义理论成果大赛三等奖、安徽省高校“模拟政府”大赛三等奖、安徽省“大学生讲思政课”比赛皖南片区赛三等奖、安徽省乡村振兴创新创业大赛优秀奖、第六届安徽省青年志愿服务项目大赛铜奖，主持省级大学生创新创业训练计划项目1项，参与国家级大学生创新创业训练计划项目2项。

用脚步丈量祖国大地，用眼睛发现中国精神，用耳朵倾听人民呼声，用内心感应时代脉搏，把对祖国血浓于水、与人民同呼吸共命运的情感贯穿于学业全过程、融汇在事业追求中，这是她的梦想。她利用寒暑假，多次开展暑期“三下乡”“假日思政”“返家乡”等社会实践活动，前往安徽芜湖南陵洄滩村、安徽芜湖湾沚西河古镇、安徽宣城广德、浙江湖州安吉等地，先后走访27个皖浙省际边界村镇，采访1000余位村民及政府工作人员。以团队形式深入乡村了解国情、社情、民情，通过文字、图片、微视频、宣讲等方式讲述乡村振兴故事，记录当代青年视角下家乡的变化过程。团队事迹曾被《中国青年报》、共青团中央、“学习强国”、安徽先锋微讯、安青网、安徽大学生网等多家媒体报道，展示出青年学生建功新时代的青春力量。

志愿同心　相伴同行

志愿服务既是“助人”，亦是“自助”；既“乐人”，也“乐己”。作为志愿者大家庭中的一员，她积极投身到“团百花”学雷锋志愿服务行动项目中，坚持常态化开展“风信子”守护空巢老人志愿服务项目、“山樱花”关爱盲童志愿服务项目、“飞燕草”社区支教志愿服务项目，以及“金盏花”社区矫正人员的心理关怀和普法宣传志愿服务项目等。她结合学雷锋、迎新、学宪法等主题组织开展各类志愿服务活动，坚持守正创新，不断挖掘新的志愿服务项目。2022年是安徽工程大学“团百花”学雷锋志愿服务行动十周年，她积极修改“团百花”项目计划书，对原有计划进行细化，结合实际进行创新调整，并身体力行投入到志愿服务中去。最终她负责的“金盏花”社区矫正人员的心理关怀和普法宣传、“飞燕草”社区支教两个志愿服务项目分别获得安徽工程大学“团百花”志愿服务行动项目金奖和铜奖。

从大一入学开始，她便加入了“阳光之旅”青年志愿者服务队，从委员到综合部部长，再到副队长，最后成为人文学院大学生青年志愿者服务中心主任与“阳光之旅”青年志愿者服务队队长，她的肩上有了更多的责任与担当。在志愿服务中，她得到过鼓励，遭受过质疑，但是那颗志愿服务的心从未动摇。用最初的心，做永久的事。

忆往昔峥嵘岁月，展未来任重道远。在未来的学习生活中，陈铁嘉将始终以实际行动把握机遇和挑战，以崇高的社会责任感和使命感坚定理想信念，开拓创新，与时俱进，服务同学，奉献社会，书写青春华章！

朱焱琪

心怀感恩定乾坤　奋斗逐梦在徽程

朱焱琪，女，共青团员，安徽工程大学纺织服装学院纺织工程专业2021级本科生，曾任纺织213班学习委员、校学生读者工作委员会新媒体部副部长，获国家奖学金、校特等奖学金，被评为校“三好”学生、“三好”学生标兵等，获2022年全国大学生英语竞赛安徽赛区特等奖、2023年安徽省大学生物理学术竞赛三等奖、第十八届“挑战杯”安徽省大学生课外学术科技作品竞赛红色专项活动三等奖（两项）、安徽工程大学第一届思政课课内实践成果大赛特等奖等。

扎根学海寻真知 笔耕不辍勤于思

“雄关漫道真如铁，而今迈步从头越。”朱淼琪自入学以来秉持着良好的学习习惯和规律的生活作息，以求真务实的态度完成专业学习中的每一个环节，积极为身边同学答疑解惑，得到了老师和同学们的一致认可。她的专业成绩名列前茅，多次获得特等奖学金。

“学而不思则罔，思而不学则殆。”她把培养自主学习能力作为大学阶段的第一要务。课余时间，她在导师指导下进入实验室进行水溶性季铵化壳聚糖相关研究，在实践中检验所学。大一通过英语四、六级考试和计算机二级考试，参加校物理学术竞赛并获三等奖，参加省大学生物理学术竞赛并获得三等奖。同时，朱淼琪不断加强写作训练，对自己的学习、生活及时进行反思总结。自入校以来，她参加各种优质赛事，不断锤炼写作能力，写作字数超5万字，获奖文章10余篇。从日常推文到千字诗歌，从新闻稿到各类征文，从校园提案到项目策划案，从调研报告到心理论文，从结课心得到实践纪实，朱淼琪用扎实的写作实践丰富了自己的课余生活。

天马行空绘青春 脚踏实地稳扎根

尝试着当一个可以提供“办法”的人，朱淼琪秉持的理念始终是“面包总是会有的，办法总是会有的”，不断捕捉那一瞬间的“想法”。在学校学生读者工作委员会任职期间，朱淼琪学习到微信公众号的运营方法，将自建新媒体公众号的梦想种子播种在心中。经过不懈沉淀积累，在小伙伴们的共同努力下，微信公众号“心绪收纳站”正式运营。在条件成熟之际，她创建了“心理不能‘媒’有你”团队，担任“‘媒’美与共 心理大同”项目负责人。经过大半年时间，“心理不能‘媒’有你团队”稳扎稳打，获得校“长信科技杯”校园提案大赛二等奖、校“互联网+”大学生创新创业大赛二等奖、“挑战杯”安徽省大学生课外学术科技作品竞赛红色专项活动三等奖等一系列荣誉。同时“心理不能‘媒’

有你”团队将红色教育与志愿精神相结合，赓续血脉，相关活动引起学校和社会广泛关注。

在仰望星空的同时，更要脚踏实地。朱焱琪组建“三下乡”专题志愿服务团队，在2023年暑期举行了线上线下相结合的志愿活动与理论宣讲。线下在鸠江区与镜湖区开展“七彩夏日　蓝晒之旅”志愿服务活动，线上共开展了7场理论宣讲。

匠心指引续行程　拓展多边新可能

英语学习一直让朱焱琪乐在其中，大一通过四、六级考试后，她希望继续深入学习英语，不断提升自己，便果断选择辅修英语双学位。她积极准备课堂互动环节材料，与同学、老师分享知识，共同进步。在专业老师的带领与悉心指导下，朱焱琪接触了全新的学科赛事，在全国大学生英语竞赛中获得省特等奖、三等奖各1次，获“CATTI杯”全国翻译大赛初赛三等奖，在校英语辩论赛、校跨文化能力大赛中都有出色的表现与成绩。在英语老师的指导下，她在大二学年通过了国际人才英语考试（中级），并取得“良好”评定。

她始终心怀感恩，以智慧描绘青春蓝图。青春该是什么颜色？是雨过天晴天边出现的霞光，给睁眼醒来的日常生活带来无限希望。青春该是什么颜色？是夏天安工程源泉雕像喷涌出的水柱的碧蓝色，给年轻气盛的躁动心灵带来平静安抚。青春该是什么颜色？是跃动在社区显眼的志愿红，将红色的养分吸收，弘扬奉献精神。青春该是什么颜色？是操场上伴随着汗水的活力绿。让美好的年华绽放理想之花，闪耀青春荣光，不负盛世华夏！

陆逸洋

功不唐捐 玉汝于成

陆逸洋，男，共青团员，安徽工程大学电气工程学院自动化专业2021级本科生，曾任班级文体委员、安徽工程大学学生团体联合会外联部委员。获全国大学生英语作文大赛二等奖、全国大学生统计建模大赛二等奖、全国大学生数据分析大赛二等奖、第六届中国大学生5分钟科研英语演讲大赛全国二等奖、“西门子杯”中国智能制造挑战赛安徽赛区二等奖等。

筑牢思想根基　高扬信念之帆

理论是行动的先导，思想是前进的旗帜。进入大学以来，他积极向党组织靠拢，大一便提交了入党申请书，后来进入入党积极分子培训班接受培训并顺利结业。在思想上，他树立正确的世界观、人生观、价值观，时刻保持与时俱进、认真学习的态度，按照党员的标准严格要求自己，争取早日成为一名合格的中国共产党党员。

练就过硬本领　矢志艰苦奋斗

“鸟欲高飞先振翅，人求上进先读书。”刚入大学的他对未来还有些许迷茫，但经过几个月的学习，他渐渐地明确了对未来的规划。他相信只有在学校里学好知识，将来才能更好地为社会主义现代化建设增砖添瓦。课堂上，他认真听讲，勤做笔记，对不懂的问题认真思考，积极与老师交流；课后，他按时完成作业，在自己努力学习的同时还积极主动地帮助同学，帮助他们解决学习上遇到的困难。在他的勤奋努力下，他的成绩一直名列前茅，获得校特等奖学金、校一等奖学金，并被评为校“三好”学生。

除了学习课内知识，他还积极学习课外知识。大一他便加入了数学建模协会，初步了解了数学建模，在数学建模方向逐步探索。后来他成为智能控制协会的一员，专心研究高级运动控制实训平台，初步掌握了TIA Portal、PLCSIM Advanced和Siemens NX等软件的使用。经过努力，他在竞赛中也取得了不错的成绩，获得“西门子杯”中国智能制造挑战赛安徽赛区二等奖、数学中国数学建模国际赛二等奖。在2023年全国大学生统计建模大赛中，他的团队经过省赛选拔后，成功入围国赛并参加现场答辩赛。经过两天的激烈角逐，成功获得了全国二等奖。这些成绩并没有让他骄傲。他认为应该再接再厉，通过比赛培养自己的创新精神和实践能力，不断提升团队协作能力，促进德智体美劳全面发展。他认为自己仍需要继续奋斗，向知识的顶峰攀登，一次一次地超越自己。

锤炼品德修为 涵养高尚情操

在搞好学习的同时，他还认真负责地完成本职工作。作为校学生团体联合会外联部的一员，他在人际交往和团体协作方面不断积累经验，形成了较好的组织管理理念和团队合作精神。身为文体委员，他积极组织同学参加运动会等文体活动。他坚持体育锻炼，每周运动四次，身体素质较好，在校运动会中，与所在团队队员一起获得引体向上团体第二的成绩。

实践不仅是检验真理的唯一标准，还是检验能力的重要途径。他积极参加社会实践，在实践中磨砺自己，提升能力。通过亲身体验，他不断地增长知识，丰富自己的阅历。出生于红船精神发源地的他，加入“明党史赓续红色血脉，弭山海访学交通硕果”暑期社会实践团，用脚步丈量红色河山，通过线上线下相结合的形式，开启暑期社会实践之旅，寻访革命先辈的足迹，学习伟大精神。

“功不唐捐，玉汝于成。”这是他在大学的座右铭，只有吃别人所不能吃的苦，忍别人所不能忍的气，做别人所不能做的事，才能成就别人所不能成就的事业。对于一个人的人生来说，最美好的回忆就是付出努力的一个个瞬间。他说：“现在的成绩只是对于自己一直以来努力坚持的认可，但是只有不断地自我激励，才能在以后取得更长久的成功。”

刘楷雯

青春正当奋斗时　不待扬鞭自奋蹄

刘楷雯，女，共青团员，安徽工程大学计算机与信息学院计算机科学与技术专业2021级本科生。曾任校学生团体联合会网宣部委员、班级副团支书、班级心理委员、班级思政委员、寝室长，获得实用新型专利1项，曾获国家奖学金、校特等奖学金，获全国大学生英语竞赛C类二等奖、第八届安徽省“互联网+”大学生创新创业大赛银奖等。

修于德 践于行

思想是行动的先导，理论是实践的指南，在党的感召下，刘楷雯以"为中华民族伟大复兴添砖加瓦"为信念，早早地递交了入党申请书，接受党组织的监督与考验。她积极用党的科学理论武装自己，以认真的态度参加每一次党课学习，做好学习笔记，悉心聆听党校领导和老师的精彩报告，深入学习党的创新理论，还被评为"青马工程"培训班优秀学员。她积极向身边优秀的党员代表学习，争取早日入党，成为党组织的一员。

实践是检验真理的唯一标准。刘楷雯没有止步于党的理论学习，而是在日常工作与志愿服务中展现着入党积极分子的模范带头作用。她勇于承担责任，乐于服务同学，先后担任了校学生团体联合会网宣部委员、班级副团支书、心理委员、思政委员、寝室长等职务，并被评为优秀学生干部。刘楷雯很好地平衡了繁忙的工作任务和繁重的学习任务，化压力为动力，带领集体屡获佳绩。在校学生团体联合会服务工作中，她勤勤恳恳、丝丝入扣，致力于服务社团、操办活动、新媒体宣传等各项工作；在班级服务工作中，她多次负责或协助开展班级团日活动、心理班会、团支部会议、支部主题微团课录制、实践活动等，还负责班级财务管理及日常事务管理。在她的带领下，班级成功在"我与团旗合影"活动中获得一等奖。与此同时，刘楷雯弘扬奉献传统，争做时代先锋，积极参加各种志愿服务活动，带领团队成员宣传反诈骗知识，服务乡村弱势群体等。在一次次服务实践中，她逐步体会社会真情、服务真谛，以青年之力传承志愿精神。

勤于学 敏于思

自入学以来，刘楷雯严于律己，规划清晰，她深知"大学者，研究高深学问者也"。大一学年，忙于各类活动与工作的同时，她仍不忘学习，认真完成老师布置的任务和自己安排的课余计划，戒骄戒躁，学问思辨，将学习融入日常生活，决不懈怠。大二开始，她全身心投入学术研究与学科竞赛，在课余时间，实验室是她待得最久的地方，常常研究至寝室将关，才披星戴月而归。在学术研究与项目开展上，她有自己独特的想法，并努力将想法变为现实。这个过程中，时间紧缺、模型搭建受阻、程序出错等问题时常出现，一次次的尝试，有时换来的却是不尽如人意的结果，但这丝毫没有击垮她，相反，她愈挫愈勇，在一次次失败中汲取经验，一次次取得成功。

不畏山高路远之跋涉者，山川回馈以奇绝秀色，她的努力终于获得了回报，不仅在各类学科竞赛中获得诸多奖项，如全国大学生英语竞赛C类二等奖、第八届安徽省“互联网+”大学生创新创业大赛银奖等，而且学业成绩优异，连续两年学习成绩位列专业第一，被评为“三好”学生标兵、“三好”学生，获得了国家奖学金、校特等奖学金等。

风好正是扬帆时，不待扬鞭自奋蹄，愿刘楷雯同学行远自迩，踔厉奋发，用拼搏书写青春华章，实现人生价值。回首时，踏实、无悔、充实、志成！

杨禹靖

体育之路上的卓越追求与无私奉献

杨禹靖，男，共青团员，体育学院社会体育指导专业2021级研究生。获实用新型专利1项、校级奖励8项。积极参与体育志愿服务活动，服务亚运会与亚残运会14个月，并参与组织推广卡巴迪进乡村、进校园、进社区30余次，为村民、学生、企业员工提供了丰富多彩的体育健身活动。作为亚组委竞赛部卡巴迪项目联系人，负责杭州亚组委、国家体育总局、亚洲卡巴迪联合会的对接工作，以极高的接待质量，得到高度赞扬和认可。

杨禹靖在高中、大学、研究生阶段都担任班干部，曾任我校体育学院社会体育指导专业研2021班班长。2022年5月，他被安徽工程大学研究生部通报表扬；2023年6月，他被国家体育总局社会体育指导中心授予全国卡巴迪冠军赛优秀裁判员荣誉称号；2023年10月，他被第4届亚残运会组委会授予每周之星荣誉称号；2023年11月，他被学校通报表扬；2023年11月，他收到第19届杭州亚组委和第4届亚残组委的感谢信；2023年12月，他被评为学校十佳青年志愿者。

作为一名共青团员，杨禹靖坚守理想信念，以身作则、率先垂范，始终以高度的责任心和饱满的热情，积极投身到专业学习、体育推广、志愿服务中。他致力于探索体育的无限可能，以满腔热血和对体育的热爱，不仅在学术研究上取得了骄人的成绩，还积极参与各类体育赛事和志愿服务活动，充分展现了新时代青年的风采和担当。

专注学术研究　探索科学真理

在研究生阶段，杨禹靖同学怀揣着对体育的炽热情感，不断追求卓越。他广泛涉猎体育领域的各类文献和资料，不断拓宽自己的知识视野，为学术研究打下坚实的基础。同时，他积极参与各类学术交流和研讨活动，与同行共同探讨体育学科的前沿问题和发展趋势。通过不懈的努力，他在学术研究方面取得了一定的成绩，多项研究成果受到市级和国家级单位的青睐与采用，为体育学科的发展作出了积极的贡献。

热心志愿活动　推广体育运动

学习研究之余，杨禹靖积极参与各类体育赛事和志愿服务活动，始终致力于推广和普及体育运动。在校级赛事中，他屡次斩获荣誉，充分展现了他在体育领域的全面才能和卓越实力。同时，他还积极参与各类体育志愿服务活动，为大型赛事和基层体育推广活动贡献自己的力量。在亚运会与亚残运会的志愿服务中，他作为亚组委竞赛部卡巴迪项目的联系人，负责协调各方力量，确保赛事的顺利进行。他高效的沟通与卓越的表现赢得了各方的高度赞誉。

杨禹靖还积极深入基层，推广卡巴迪运动。他深知卡巴迪运动的普及和发展需要更多人的参与和支持，因此他走进乡村、校园和社区，组织了30余次卡巴迪推广活动。在这些活动中，他不仅向大家普及卡巴迪运动的知识和技巧，还组织他们进行友谊赛和交流活动，让更多人感受到了这项运动的魅力和带来的快乐。这些活动不仅丰富了群众的体育生活，也推动了卡巴迪运动的普及与发展。他的辛勤付出和无私奉献赢得了大家的赞誉。

在志愿服务和社会服务活动中，杨禹靖同学深刻感受到体育与志愿服务相结合的力量。体育的力量和志愿服务的精神紧密结合，能够提升个人素养和综合能力，也能够促进社会的和谐与进步。

杨禹靖还积极投身于学校体育事务，为大学生提供体育测试服务，累计服务68小时。他耐心细致地指导同学们进行测试，确保测试结果的准确性和公正性。同时，他还参与了新生国防打靶运动的服务工作，总计服务20小时。在这些活动中，他始终保持着高度的责任心和敬业精神，为同学们的安全和活动的顺利进行提供了力所能及的帮助。他的付出不仅体现了他对同学的责任心，也体现了他对学校体育事务的关注和支持。

2023年秋，杨禹靖受到了大江融媒的专访，他的先进事迹赢得社会的广泛赞誉。随后，他还收到了第19届杭州亚组委和第4届亚残组委的感谢信。这两封感谢信对他而言不仅是荣誉，更是对他从事的体育工作和志愿服务工作的认可与鼓励。这些肯定激励着他继续投身体育事业，为推动体育运动的发展和社会的进步继续努力奋斗。

李帅东

拼搏奋斗　绽放青春之光

李帅东，男，共青团员，安徽工程大学材料科学与工程专业2021级本科生，曾任班长、校全媒体中心编辑部委员。曾获国家励志奖学金、校三等奖学金，获大学生金相技能大赛校级二等奖、暑期“三下乡”社会实践活动校级三等奖、校“团百花”学雷锋志愿服务行动项目银奖，获发明专利1项，被评为校优秀学生干部、“三好”学生、军训先进个人、优秀共青团员等。

奋发图强　君子以自强不息

因为高中复读的缘故，他从进入大学校门那刻起，便告诫自己：哪怕自己不会很优秀，但必须要比别人更加努力地拼搏奋斗！家中兄弟姐妹三人，父母仅仅靠在家务农供养三个孩子读书，经济条件并不宽裕。他深知父母的不易，相比其他同学更加珍惜大学生活。为了更好地督促自己，大一他竞选了班级的班委并当选班长。他始终坚信，只要自己不断地努力奋斗，一定能够赢得精彩人生。大一开学他便提交了入党申请书，积极向党组织靠拢，大三时被列为发展对象；军训期间，因为表现优异，他被评为先进个人；在社团招新当中，他积极报名争取，最终在全媒体中心编辑部任职；大二他积极响应本科生进团队的号召，跟随指导老师进入实验室学习，获得国家发明专利一项。在校期间他积极参加学校组织的各类活动，实现德智体美劳全面发展，在校园趣味酷跑、院运动会、水果拼盘大赛、劳动技能大比拼等多个比赛获得一等奖。作为一名工科生，他还会在课余时间参加一些学科竞赛，提升自己的专业能力与素养，曾获得大学生金相技能大赛校级二等奖。在校期间他不断努力奋斗，奋发图强。

穷且益坚　不负青云之志

虽然他家境不够好，但他并没有为此感到沮丧。他告诉自己：“没有雨伞的孩子就必须学会努力奔跑！”他生活上勤俭节约，从不与人攀比，进取乐观地面对现实，全心全力地学习。功夫不负有心人，他的综测成绩一直位列班级第一，他也多次获得学院奖学金。他一直在为追求自己的人生理想而奋斗，期望将来能成为一个有所作为的人。

肩负职责　青春在奉献中闪光

担任班长期间，他带领班级同学共同努力，使他们的班级获得了学风优良班级称号。他平时与同学们相处融洽，善于和老师沟通，乐于帮助老师和同学，无私奉献。他在担任班长的过程中也明白了责任与担当，积极投身于志愿服务当中。他带领团队开展“火花”消防宣传走进校园活动，向全校同学宣传消防知识，项目获校“团百花”学雷锋志愿服务行动项目银奖。他开启了“助爱归巢”暑期“三下乡”社会实践项目，成为社区志愿者，为社区的孤寡老人服务。他还加入“追根宣纸，传承非遗”项目团队，探究宣纸的文化起源，为非遗传承与宣传作出自己的贡献。

他一直认为，在大学，要学会坚强，像原野里奔驰的狼，忍受孤独，战胜困难，执着地追求自由的梦想；在大学，要学会做人，正确看待现实与未来，正确理解成功和失败；在大学，要做一只苍鹰，存鹰之心于高远，取鹰之志而凌云，习鹰之性以涉险，融鹰之神在山巅！

娄司琪

低头赶路 敬事如仪

娄司琪，女，中共党员，安徽工程大学设计学院广告学专业2021级本科生。曾任设计学院广告211班学习委员、学院团委新媒体中心委员、校学习效果调查员。曾获全国大学生英语竞赛一等奖、未来设计师·全国高校数字艺术设计大赛国家级三等奖、全国大学生广告艺术大赛安徽赛区一等奖、“外文奖”全国大学生英语翻译大赛二等奖、《英语世界》杯全国大学生英语词汇大赛三等奖等，荣获国家奖学金、校特等奖学金，被评为优秀学生干部、学习之星等。

服务他人 成就快乐的自己

娄司琪一直牢记新时代青年的责任与担当，进入大学后她立即主动递交了入党申请书，积极向党组织靠拢。在设计学院分党校入党积极分子培训班和发展对象培训班中认真学习、踏实积累。她真挚友善，团结同学，通过组织各种实践活动，不断带领身边的同学一起投入为他人服务的活动中。她作为主负责人，领导校第十一季“团百花”学雷锋志愿服务行动重点项目——“月季花”城市认知志愿服务项目，开展了多次志愿服务活动，前往芜湖市南陵县何湾镇，发挥专业技能为其设计包装和文创产品，助力“诗画何湾”乡村振兴建设。她号召全校同学参与“一方水土养一方人”故土情思家乡土壤征集活动，成功策划举办千人共创装置展。她还响应学校号召，组织同学参与“芜湖毕业生就职去向志愿服务活动”等。她不断为他人提供帮助与支持，充分体现“三全六专”中“正起来”的精神面貌。

勤学善思 成就更强的自己

她坚定自我，专注勤奋，课上积极互动，学业成绩一直在班级排名第一。课后她喜欢钻研自己感兴趣的事情，善于归纳总结、融会贯通，并自学相关软件技能。她掌握了平面设计软件2种、建模软件3种、广播类软件1种、书稿排版软件1种、影视编辑和后期制作软件5种、编程类软件2种、AGI类别软件6种等。因为清楚自己的热爱与追求，所以她走的每一步都在制定的规划里，定好目标后便全力以赴。

高考结束之后的那个夏天，她对自己进行了深刻的反思和剖析。基于热爱，她毫不犹豫地投身广告学专业，同时立即对大学生活的不同阶段进行理性分析与探索。那个暑假，她坚持学英语，阅读专业课书籍，安静地沉淀积累。进入大学后，她通过大学生英语四、六级考试，取得国家计算机二级证书和普通话证书，在保持专业排名位于前列的同时，她还积极参加各类学科竞赛，获得全国大学生广告艺术大赛安徽赛区一等奖5项，未来设计师·全国高校数字艺术设计大赛国家级三等奖、省级一等奖，全国大学生英语竞赛一等奖，“外文奖”全国大学生英语翻译大赛二等奖，《英语世界》杯全国大学生英语词汇大赛三等奖等，共计获得省级以上奖项30余项。

专心专注　成就更好的自己

她拥有较强的目标感、专注力、执行力，即便面临风雨，也能像一棵竹子一样充满韧性。她默默地打基础作铺垫，保持稳定的精神内核和节奏，潜心赶路，充分展现“三全六专”中“学起来”的精神面貌。

作为班级学习委员，她敢于担当，认真负责。在其他人需要的时候，她会热情、真诚、善良地提供帮助。她常会设身处地为他人考虑，习惯性照顾每个人的感受，服务班级、服务同学。她所在寝室被评为2022年度三星级宿舍，所在班级曾获先进班集体称号。她动员身边的同学积极参与团队创新创业类比赛，主持了国家级和省级大学生创新创业训练计划项目3项、校大学生“人文社科”科学研究项目1项。在团队合作中，她与大家相互学习，共同进步。她一直注重锻炼个人的实践能力与协调管理能力，努力实现全面发展。

除了学业，她也注重培养多方面的爱好。假期，她会参观各类艺术展览，提高个人审美水平，并将所学内容运用到自己的作品里，注重积累。她有固定练习行楷书法的习惯，无论寒假暑假，都会临摹完一整本字帖。她认为：“书法需要长时间的练习和专注的心态，当人们学习书法时，需要耐心地一笔一画地练习，不急于求成。这有助于个人修身养性。”她喜欢阅读心理学、传播学方面的书籍，对用书本理论知识分析社会热点问题具有浓烈的兴趣。她积极参与学校各类心理健康教育活动，并运用心理学知识与他人沟通，帮助身边的同学排解负面情绪。在校心理情景剧本大赛中，她也多次获得奖项。她兼顾文理，关注科技创新领域的热点前沿，获得建模类别的专利1项。她参与安徽省大学生创新创业训练计划基金项目的课题研究，在导师的指导下完成论文《基于安徽非遗手工艺品AIGC活态传承的应用研究》，希望运用人工智能类的科创技术，为安徽非遗手工艺品的传承焕新贡献自己的力量。她还关注学校趣味体育类活动，如校园乐跑、趣味运动会等，无论是个人赛还是团队赛，她都全力以赴，彰显青春活力。

“低头赶路，敬事如仪。自知自心，其路则明。”对每件事她都保持高度的专注，尽力做到极致。她目标清晰，做事认真，在困境中不屈不挠，在顺境中不骄不躁，像一束光，绽放着所有的美好。

姜昊宇

选择不后悔的人生路

姜昊宇，男，共青团员，安徽工程大学电气工程及其自动化专业2021级本科生，曾被评为校“三好”学生、优秀学生干部，获校三等奖学金。

满腔热血　青春担当

姜昊宇是电气工程学院学生，曾任电气工程及其自动化213班班长。他始终保持积极向上的心态，以高标准严格要求自己，努力做到全面发展。在班级工作中认真负责、乐于帮助和团结同学，在学习方面取得了优异的成绩。课余时间，他坚持运动锻炼，在多项体育赛事中获得奖项，尤其擅长踢足球。

足球比赛时间长达九十分钟，取得胜利靠的不仅仅是高超的技术和良好的身体素质，更重要的是顽强的意志力。在身体极度疲惫，想要迈出一步都困难的情况下，支撑他继续奔跑的是坚强的意志。足球是团体运动，如果自己放弃了，其他队员的努力也会白费，所以必须全力以赴。生活亦如此，我们身上背负的不仅仅是对自己的责任，还有家人、朋友和老师的期盼，姜昊宇同学在面对生活和学习中的挑战时，像对待每一场球赛一样，全力以赴。

初心如磐　笃行致远

姜昊宇出生在一个普通的农村家庭，父亲因为脑梗需要长期服药，母亲因为肾脏手术，花费数万元，父母都没有稳定工作，家庭经济负担重。但他并没有因此颓废，反而激励自己更加努力地学习，用优异的成绩去回报父母。进入大学以后，他刻苦学习，求真务实，争分夺秒地学习专业文化知识，全方面提高自己的专业素养。他相信，努力就会有收获，今后他一定有能力支撑起整个家。

勇于超越　奋勇争先

刚进入大学，姜昊宇就向党组织递交了入党申请书，在思想上积极向党组织靠拢。在党员发展对象培训班学习期间，他认真学习党的基本理论知识、方针政策，提高自己的思想觉悟，为成为一名合格的中共党员打下了基础。

姜昊宇学业成绩一直位列班级前五，在入学的第一天他就告诉自己要继续努力奋斗。课堂上，他认真听讲，始终保持端正、认真、谦虚的学习态度，努力提高自己的专业知识水平，认真完成老师布置的学习任务，不断充实丰富自己。在学有余力的同时，他还积极帮助辅导其他同学。

心若繁花　芬芳自在

姜昊宇作为班干部，在任职期间始终以“服务老师，服务同学”为宗旨，力求进取，以身作则。工作上以班集体的荣誉为重，全力配合完成老师交代的任务。

生活中，姜昊宇节俭朴素、严于律己、宽以待人。在校期间，从不与同学攀比吃穿，只在学习上追求进步。课外时间，他坚持加强体育锻炼，在校运动会和校足球赛中均取得优异成绩，综合素质得到很大的提升，做到了德智体美劳全面发展。

孙鹏飞

锲而不舍搞科研　攻克难关攀高峰

孙鹏飞，男，中共党员，纺织服装学院非织造材料与工程专业2021级本科生。曾任班级学习委员、院学生会体育部部长。发表论文7篇，获得发明专利1项、进入实质审查程序发明专利1项。主持大学生创新创业训练计划项目及校级科研项目2项，参与安徽省高等学校科学研究项目重点项目、全国建材行业重大科技攻关“揭榜挂帅”项目。曾获省、校级奖项、荣誉20余项。作为学校本科生代表接受《中国教育报》《中国科学报》采访，并被“学习强国”等多家媒体转发。积极参加“一带一路”全国大学生纺织援疆团，直播讲解新疆罗布麻的经济价值与生态效益，利用所学知识对企业员工进行培训，相关事迹被安徽省教育厅官微、搜狐网等媒体报道。

科技援疆 共绘“疆”来

孙鹏飞发表论文多篇，其中以共同一作发表SCI（中科院二区）论文1篇，以第二作者发表SCI论文1篇，参与团队发表SCI论文2篇、EI论文1篇，提交学术会议论文1篇。他获得发明专利1项，进入实质审查程序发明专利1项。他参与其导师的多项科研项目，获批大学生创新创业训练计划项目以及校级科研项目2项；参与安徽省高等学校科学研究项目重点项目，该项目将为水泥行业实现从“低碳”到“零碳”再到“负碳”的目标提供理论依据。同时，他参与学院和安徽海螺水泥股份有限公司共同申报的全国建材行业重大科技攻关“揭榜挂帅”项目，并开展相关科学研究。从理论学习到实践应用、从课堂到实验室、从学校到企业，他不畏艰难，敢于向前，充分展现了新时代大学生勇于探索的精神面貌和强国有我的奋斗决心。

作为党员，他坚定科技报国信念，为科技强国建设奋力拼搏。他积极参加第十一期“一带一路”全国大学生纺织援疆团，利用所学知识对企业员工进行培训，培训内容涵盖纺织机械、纺织科技创新、生产工艺、产品设计等，让更多人看到纺织科技面料及产品。同时，他借助抖音等大众传媒，直播宣讲新疆罗布麻的经济价值与生态效益，相关事迹被安徽省教育厅官微、搜狐网等媒体报道。

专业固基 科研行路

他坚持了解专业领域前沿发展情况，取长补短，探索纺织前沿科技和学科交叉融合。他积极参加国际、国内学术会议，以第一作者身份在《建材世界》发表论文一篇，并成为该刊物《首届气凝胶产业创新发展论坛暨展览会》专刊的编委会委员。

他对行业变化、企业发展做了深入了解，让知识不再局限于课本。他多次跟随导师前往科昂纳米、芜湖海螺等省内多家知名企业学习交流，推动课题研究成果从实验室走向企业，真正做到科研来源于生产，服务于生产。经过两年多的努力，他与企业共同研发了新产品并在生产生活中投入使用，取得了较好的经济效益。

作为学习委员，在做好科学研究的同时，他积极带动专业其他同学参与实验。他积极为实验室遇到困难的同学提供帮助，获评校科研活动标兵、“三好”学生、优秀学生干部等。“像培养研究生一样培养本科生”，他积极参与学院、学校座谈会，为学院发展建设以及学校个性化人才培养提出自己的看法。他被学校评为学习之星，并参与学院“三全六专、身边榜样”宣传视频拍摄工作。他讲述自己从大一开始的科研历程，以科研对自己的影响带动同学，让更多人接触科研，感受科研魅力。他作为本科生代表接受《中国教育报》《中国科学报》采访，并被“学习强国”等多家媒体转发。他经常利用周末跟随导师前往芜湖科技馆，为中学生讲解前沿科技，还曾随学院老师前往淮南进行招生宣讲，通过自身鲜活例子宣传学校“一样的分数，不一样的教育”理念。

李诗琪

心有所信 方能行远

李诗琪，女，中共党员，安徽工程大学设计学院数字媒体艺术专业2021级本科生，曾任班级团支部书记、学校田径协会副会长、新生学长导员。曾获得军训先进个人、优秀学生干部、“三好”学生标兵等荣誉称号，获第十五届全国大学生广告艺术大赛安徽赛区一等奖、安徽省大学生摄影作品大赛一等奖等。

目标明确　协调并进

大学伊始她便向党组织递交了入党申请书，认真学习党的理论知识，积极向党组织靠拢。大一军训时，她积极响应班级工作，努力为班级服务，用最短的时间熟悉每一位新同学，成为班级军训负责人。她主动加入“匕首操”特色排，直面更刻苦的训练。因军训期间表现出色，她被评为军训先进个人。在之后的班委选举中，她在全班同学的支持下成功当选团支部书记，与其他班委一起为共同建设更好的班集体而努力工作。在社团招新中，她主动申请加入校田径队，认识了很多志同道合的伙伴，也得到了更专业的训练和指导，不仅锻炼了身体，还培养了团队合作精神和竞争意识。学生工作锻炼了她的协调和服务能力，她也得到了老师和同学们的广泛认可，获得了校优秀学生干部、优秀共青团干部等荣誉称号。在日常班级工作中，尽管有不少繁忙而琐碎的事情，但是她无怨无悔，积极列好备忘录，合理安排时间，总是尽力把每件事都做到最好。因为她相信，即使是毫不起眼的一件小事，只要对人有帮助，她所做的就是有意义的，而在这个过程中，她收获的东西也会让她走得更远、更久。

勤学善思　拼搏进取

高考结束后，她就制定了详细的大学生涯规划，对专业方向、人才要求进行学习了解。进入大学后，她深刻明白大学的学习在于个人，需要深耕自己的专业领域，并积极参与实践，让知识和理想碰撞出璀璨的火花。她认真对待每一门课程的学习，在追求进步的道路上细致如初。从校级奖学金到国家励志奖学金，再到国家奖学金，无数个挑灯夜战的时刻凝聚成荣誉，每一步都闪耀着“关关难过关关过”的不服输光芒。她明白，当才华还不足以撑起野心时，就应该静下心来多读书。不断地积累与收获也让她明白，用知识武装大脑才能让她走得更远，走向更大的舞台。进入大学以来，从全媒体中心摄影部委员到田径协会副会长，她积极参加各类课外的活动，人际交往能力得到了充分锻炼。同时，她也积极参与各类比赛活动，通过实践锻炼专业能力，这提高了她解决问题的能力，锻炼了她的心理素质，增强了她的团队协作能力，更重要的是让她对专业知识有了更深层次的理解与感悟。

敢于担当　甘于奉献

在日常生活中，她能够团结帮助同学、甘于奉献，积极参与实践活动和志愿服务，不断提升自己为他人服务的能力。她积极参加“明日知行”大学生课后志愿服务，在安师大附外城东校区为小朋友们上创意手工课程。她认真备课、热情授课，发挥了自己美术设计专业的特长。她勇担青年使命，在寒暑假期间担任家乡团县委大学生兼职干事，组织并参与“青春兴晋”大学生返家乡志愿服务活动，为家乡建设贡献了自己的一分力量。作为新生学长导员，她尽职尽责，经常与新生互动，全方位为新生解答各种学习、生活以及情感方面的问题，分享各种经验，提供多种建议，以周到的服务赢得了新生的广泛认可。乐于助人、勤奋好学的她，时刻充满着活力和能量。

荚孟钰

人生万事须自为 跬步江山即寥廓

荚孟钰，女，共青团员，安徽工程大学生物与食品工程学院生物制药专业2022级本科生，曾任班级学习委员。曾获全国大学生英语竞赛三等奖、校“互联网+”大学生创新创业大赛二等奖，被评为校优秀学生干部和优秀学生学习效果调查员。

向阳而生　逐光而行

荚孟钰出生在安徽合肥的一个农村，她非常珍惜父母给予的读书机会。父亲残疾、母亲患病，母亲做工、父亲拾荒换来了她走出小乡村的机会。在许多同龄人选择外出打工的时候，她在恶劣的学习环境下顽强扎根，向上生长，于2022年考入安徽工程大学生物与食品工程学院生物制药专业。

她没有因为初入繁华城市而丢掉淳朴节俭的生活作风，相反她抓住学校提供的勤工俭学机会，为父母减轻经济负担。箪食瓢饮不羡鲜肥滋味，缊袍敝衣乐处绮绣朱缨。她不攀比、不浪费，不让自己被消费主义所“绑架”，省水电、省吃穿，为环保事业、绿色地球贡献力量。

惟其磨砺　始得玉成

作为班级学习委员，她在学习上奋楫争先。她通过了四、六级考试，并获得了全国大学生英语竞赛三等奖、校“互联网+”大学生创新创业大赛二等奖等，平均学分绩点和综合测评均位列班级前三。在努力为同学们做好榜样的同时，她也用心激发周围同学的学习兴趣以塑造班级良好学风。她主动向同学们宣传知识竞赛，分享学习资料，解答同学疑惑，做好老师与同学之间沟通的桥梁。

“纸上得来终觉浅，绝知此事要躬行。”仅仅从书本上获得知识是远远不够的，要真正理解和掌握知识，还需要亲身实践。对于生物制药专业的学生来说，更是要身体力行，知行合一，做实干家。荚孟钰同学主动联系导师进入实验室学习，从配好培养基到操作复杂仪器，从学好基础知识到阅读大量文献，她在实践中不断强化巩固理论知识，在理论学习中探索实践创新点。

心有暖阳 久驻芬芳

入学以来，她一直认真学习党的理论知识，结合任课老师讲解的“马克思主义基本原理”“中国近代史纲要”等课程提高自己的思想政治素质，积极向党组织靠拢。她关注时事政治，在个人层面努力响应国家政策。她遵纪守法，为保障社会安定尽好个人义务。她积极宣传红色文化，为赓续红色血脉彰显青年力量。

“只要人人都献出一点爱，世界将变成美好的人间。”爱与奉献是荚孟钰做志愿服务的初心。“志愿汇”上累计的40多个小时的志愿学时是对她这份初心的证明。虽然她很遗憾没有入选院志愿团负责人，但这并不影响她继续自己的志愿服务。汽车站里帮助归心似箭的异乡人购票，医院里帮助前来就诊的病人挂号指路，乡村里为留守儿童开办知识讲座，这些都将成为她进一步提供志愿服务的宝贵经验。

晴空万里 不负花期

平凡有了坚持会成就不凡，点滴有了凝聚会成就浩瀚。能在长跑中坚持到最后的不一定是最初跑得最快的那个，但一定是不言放弃并且每个脚步都充满信念向前迈进的人。她坚信人生与长跑一样，需要我们踏实走好每一步，以坚定的意志挺过难关，抓住冲刺与超越的机会。

磨难和坎坷是成功的垫脚石，挫折并不会削弱她的志气。荣誉是对她的一种精神鼓舞，激励着她在未来的学习生活中努力拼搏，爱国爱党，为中华之崛起而读书。在今后的日子里，她将以更加严格的标准和要求来激励自己、鞭策自己，以求取得更优异的成绩。

后 记

坚持榜样引路，用身边事教育身边人，历来是我们党长期坚持的思想政治教育重要原则，也是当前培育和践行社会主义核心价值观的有效途径。本书选取了安徽工程大学83位师生的先进事迹，用鲜活事例讲述安徽工程大学师生弘扬和践行社会主义核心价值观的“校园故事”。

在编写本书的过程中，常常为同仁的事迹所感染，联想日常与他们的相处交往更是心生暖意：被学生们亲切称为“唐妈妈”的全国“最美家庭”获得者唐铃凤老师，走进课堂总是激情澎湃的汪晓宇老师，坚持13年骑行打卡红色景点、弘扬伟大建党精神的赵国庆、曹锦芬夫妇，为上好每一堂课字字推敲的纵翠丽老师……这样的好老师在安徽工程大学有很多很多。

在安徽工程大学有很多既拥有青春又对青春有深刻感悟的可爱的同学们，他们心有所信，他们目标坚定，他们行为果敢，他们以当代青年的视角日用而不觉地坚定践行着社会主义核心价值观，成长为社会主义核心价值观的引领者和模范践行者：一心想成为孩子们“启明星”的王子璇同学，坚信唯有自立自强方不辜负美好青春的李增产同学，立志赋能创业做青春的“合伙人”的朱锦龙同学……这样的学子在安徽工程大学有很多很多。

本书教师部分的事迹材料来自人民网数字安徽、《安徽青年报》、《大江晚报》和安徽工程大学校园网等报道，收入本书的时候略有删改。

本书在编写过程中，得到了学校领导的悉心指导和媒体朋友的大力支持，校党委常委、宣传（统战）部孙浩然部长予以鼓励与支持，校学工部柏杨老师、校团委孙琳瑶老师、校工会张玉凤老师、电气工程学院滕敏老师提供了很多前期素材，在此一并表示感谢！

由于时间和水平有限，本书难免有疏漏和错讹之处，敬请广大读者批评指正。

编者

二〇二四年六月